小学语文
关联阅读视野下的
单元整体教学研究

XIAOXUE YUWEN GUANLIAN YUEDU SHIYEXIA DE
DANYUAN ZHENGTI JIAOXUE YANJIU

张立娟 ◎ 著

首都师范大学出版社
CAPITAL NORMAL UNIVERSITY PRESS

图书在版编目（CIP）数据

小学语文关联阅读视野下的单元整体教学研究 / 张立娟著. —北京：首都师范大学出版社，2022.2（2024.5重印）

ISBN 978-7-5656-5957-7

Ⅰ.①小… Ⅱ.①张… Ⅲ.①阅读课—教学研究—小学 Ⅳ.①G623.232

中国版本图书馆CIP数据核字（2022）第017425号

XIAOXUE YUWEN GUANLIAN YUEDU SHIYE XIA DE DANYUAN ZHENGTI JIAOXUE YANJIU

小学语文关联阅读视野下的单元整体教学研究

张立娟　著

责任编辑	李佳健

首都师范大学出版社出版发行

地　　址	北京西三环北路105号
邮　　编	100048
电　　话	68418523（总编室）　68982468（发行部）
网　　址	http://cnupn.cnu.edu.cn
印　　刷	河北鑫彩博图印刷有限公司
经　　销	全国新华书店
版　　次	2022年2月第1版
印　　次	2024年5月第2次印刷
开　　本	710 mm×1000 mm　1/16
印　　张	11
字　　数	171千
定　　价	39.80元

版权所有　违者必究
如有质量问题　请与出版社联系退换

序言

  自担任研修员以来，笔者一直致力于开展"关联阅读"教学研究，并立足语文课程探索促进教师专业发展的有效途径。从教师入职开始进行有针对性的培训，针对教师所处的不同发展阶段，笔者及教师们开展了文本内部关联，单元内部关联，教材系统内部关联，课内外阅读关联以及学习与实践的关联研究，以此真正建立大的语文教学观。

  几年来，围绕关联阅读我们以听说读写，唱响语文学习的主旋律。以活动为载体，通过构建关联，形成师生的整体意识，提高语文素养。教师们的教学视野打开了，课堂教学的实效得到了显著的提升。如果说前几年的研究是立足于所教教材在知识体系建构和思维发展方面存在一定缺陷的话，现在使用的统编教材应该说解决了以往的问题。但是，怎样根据教师们的专业发展进程进行有针对性的研究，还将是未来继续深入探讨的问题。而我们开展的关联阅读，与统编版教材的整体安排思路可以说是一致的，这就使得根据教师所处的专业发展阶段，定位对他们开展培训的维度，进一步提高他们的教学水平，促进他们持续发展就显得尤为重要。

  统编教材以语文要素和人文主题双线组元编排单元内容，对于怎样在关联阅读视野下构建新的单元整体教学，我们进行了一定的研究，借助此书向大家进行汇报。统编教材使用时间仅有四年，且与我们原来所用教材相重合的内容很少，因此，在研究的过程中可能还有很多不够完善的地方，希望各位读者提出宝贵意见。今后，在关联阅读思想的引领下，我们还将继续开展深入研究。

张立娟
2021年8月

目录

第一章 小学语文关联阅读教学整体构想

一、关联阅读教学产生的背景 …………………………………… 001

二、关联阅读教学的概念内涵 …………………………………… 006

三、开展关联阅读教学研究的意义 ……………………………… 007

第二章 关联阅读视野下的单元整体教学特点

一、此"单元"是彼"单元"吗？ ………………………………… 010

二、"单元整体"和"单元整合"是一回事吗？ ………………… 019

三、什么是关联阅读视野下的单元整体教学设计？ …………… 023

四、单元教学目标和分课时教学目标怎么制定？ ……………… 024

第三章 关联阅读视野下的单元整体教学策略

一、比较 …………………………………………………………… 032

二、图像化 ………………………………………………………… 033

三、陌生化 ·· 034

四、关联 ·· 035

五、归纳 ·· 036

第四章　关联阅读视野下的单元整体解读及设计案例评析

第一节　拼音单元 ·· 037

案例一：整合情境图　学习汉语拼音

　　——统编版一年级上册拼音单元整体教学设计 ············ 040

　　单元教学设计总体评析 ·· 057

第二节　识字单元 ·· 059

案例二：探寻识字方法　传承汉字文化

　　——统编版一年级下册第一单元整体教学设计 ············ 061

　　单元教学设计总体评析 ·· 090

第三节　阅读单元 ·· 091

案例三：在场景与细节描写中感受浓浓的亲情

　　——统编版五年级上册第6单元教学设计 ··················· 101

　　单元教学设计评析 ·· 121

案例四：赏四时之景　感动静之趣

　　——统编版五年级上册第7单元整体教学设计 ············ 121

　　单元教学设计评析 ·· 133

案例五：读中启智　读中增慧

　　——统编版五年级上册第8单元整体教学设计 ············ 134

　　五年级上册第6、7、8单元教学设计总体评析 ············ 147

第四节　综合性学习单元 ·· 148
　　案例六：遨游汉字王国
　　　　——五年级下册第三单元整体教学设计 ······················· 151
　　　　单元教学设计总体评析 ··· 163

参考文献 ·· 164
后　记 ·· 165

第一章　小学语文关联阅读教学整体构想

一、关联阅读教学产生的背景

小学语文教学改革的脚步一直在不懈地前行。纵观几十年来的研究情况，教材观和学生观确实在不断体现以教师为主导，学生为主体的《小学语文课程标准（2011版）》的理念。同时，在提高学生语文素养方面也取得了一定的成效。但是，以北京市通州区的小学语文教学情况来看，还有很多不尽如人意的地方。为此，2014年9月，我们曾对通州区的小学语文教师队伍自身情况、以往开展教研情况及所使用的教材进行过一次调查分析，内容及结果如下。

现状一：教师队伍自身的语文素养

第一项调查：通州区小学语文教师教龄10年以下（含10年）专业对口情况。

通州区小学语文教师共计1098人。教龄10年及10年以下的共计775人，其中专业对口的351人，约占总数的45.29%；专业不对口的424人，约占总数的54.71%。

第二项调查：通州区小学语文教师教龄分布情况。

在1098名小学语文教师中，教龄3年以下的254人，约占总数的23.13%；4至10年教龄的521人，约占总数的47.45%；11年以上教龄的323人，约占总数的29.42%。

第三项调查：通州区小学语文教师学历分布情况。

1098名教师中，硕士103人，约占9.38%；本科932人，约占84.9%；其他63人，约占5.7%。

第四项调查：42位处于不同专业发展阶段教师的阅读情况。

42位教师人均年读书4.86本。据从网上检索到的数据显示：世界人均读书量排名前5位的国家是：俄罗斯54本，以色列50本，德国47本，日本45本，奥地利43本。我国人均阅读图书为4.35本。可见，被调查教师的读书量只比全国人均多出0.51本。

从以上四项调查可以看出：研究之初，教师队伍发展现状呈现出以下特点。

1. 教师所学专业不对口现象严重，缺少相关的教育教学理论知识及技能。

2. 高学历现象的背后，隐藏的是青年教师自身的语文素养亟待提高，值得重视。

3. 语文教师需要加大自身的阅读量来开阔自己的视野，阅读习惯还需要养成。

现状二：教师课堂教学实践

1. 学生在课堂上的主体性体现不够，原因在于教师自己讲授的内容多，而学生亲身实践的活动少。

2. 学生学习到的知识呈现碎片化，这反映出教师没有建立起小学阶段的知识结构网络，对学生的最近发展区掌握不准。

3. 教师注重借助教材进行人文培育，缺少思维能力的培养策略；学生的创新能力、发散思维能力不强。

4. 学生的阅读量不够，教师没能打破阅读的课内外边界，引领学生走向更广阔的阅读空间。

由此可见，教师的语文素养、教学行为直接导致学生语文学习的诸多方面问题。

现状三：以往教研实践

1. 针对性不强——研修员对所有教师始终停留在对其一篇文本的解读与教学

设计的指导上，缺少对不同层次教师的专门指导。

2. 系列性不够——研修员缺乏对研修活动的整体安排。

3. 理论思辨不够——日常的教研活动重实践研究，缺乏理论指导与总结提升。

因此，找到一种理论与实践相结合的系统性的小学语文教研模式，提高教师的课堂教学能力，需要研修员整体规划，提高活动的实效性。改变教研的方式，促进教师队伍建设，为通州区的副中心建设输送合格的人才，我们任重道远。

现状四：所用教材存在的一些问题

一直以来，我们使用的教材虽然是在《小学语文课程标准》指导之下编写的，但践行语文课程是在工具性与人文性统一这一内容上，两者有失偏颇。具体表现为：

1. 通州区小学阶段的语文教材使用的是义务教育北京版教材。它过于强调人文性，忽视了知识的整体建构，使得学生学完6年以后没能形成一定的知识体系，这也给年轻的教师开展教学活动设置了障碍。因此教师感觉很迷茫。

2. 强调能力培养，但却很难落到实处。比如第12册教材，"口语交际"安排了4次练习，分别在第2、第5、第6、第7单元的"语文实践活动"板块；"综合性实践活动"安排了2次练习，分别在第3、第8单元。教科书编者的意图是好的，但是由于数量较多，又缺乏相应方法的具体指导，教师难以把握其尺度。

3.《小学语文课程标准（2011版）》指出：要让学生多读书、好读书、读好书，读整本的书。可是对怎样开展课外阅读，也缺乏相应的具体要求。这对学生的阅读和教师的指导都带来了一定的困难。

发现问题，找到适合本地区特点的教学改革之路是关键。综合以上原因，在迫切需要提高学生语文素养和提高教师个人素养和教学水平的背景下，从2014年9月起，研修员张立娟带领全区教师开始对关联阅读教学进行研究。当时的主要目标为：

1. 构建小学阶段的知识与能力体系，实现年段教学的有效衔接。

2. 探索课内外阅读一体化的有效路径。

3. 找到一条促进教师专业成长的新型模式。

就这样，我们持续地开展研究工作。为了让研究更加规范，2016年，通州区教师研修中心小学语文研修主任、研修员张立娟申报了北京市教学学会"十三五"课题"基于小学生语文素养发展需求的关联阅读教学策略研究"。目的是通过教师教学行为的转变促进学生发展，进而实现师生素养的共同提高。以下是我们研究内容的图示。

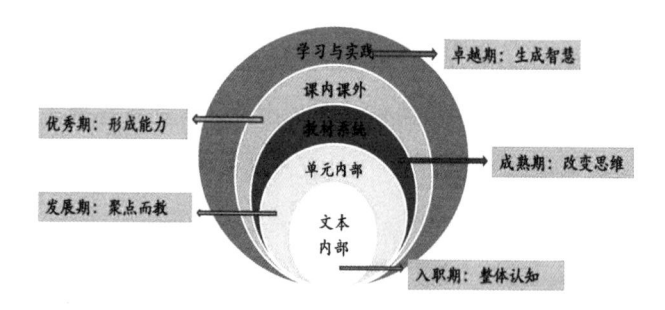

其具体内容为：以教材教学为核心，培养教师和学生的整体观，提高教师探究联系及整体把握的能力。从扩大教学的范围入手，扩大学生的阅读视野。我们研究的维度分别为：探究文本内部关联，形成整体认知能力；探究单元内部关联，做到聚点而教；探究教材系统关联，改变师生思维方式；探究课内外关联，形成较强的能力（教师教学能力、学生语文能力）；探究学习与生活的关联，生成实践智慧。这五个研究维度构建起一个整体的教学体系，它既注重书本的教学，又加强课内外的联系，同时也注重知识与能力的转化，在一定意义上建构了大阅读的理念。2017年9月，统编版教材在义务教育阶段的小学、初中起始年级投入使用。两相对照，我们所开展的"关联阅读教学"与统编版教材所体现的理念是一致的。

在学习教师专业发展阶段理论的过程中，受美国学者福勒的教师专业发展阶段理论启发，我们将教师专业成长分为五阶段。

入职期（参加工作1—3年的教师）；

发展期（参加工作4—10年的教师）；

第一章　小学语文关联阅读教学整体构想

成熟期（参加工作11—15年的教师）；

优秀期（参加工作16—20年的教师）；

卓越期（参加工作20年以上的教师）。

处于不同专业发展阶段的教师，其重点研究的内容分别为：

入职期教师：由于年轻，他们对教育教学实践还没有经验，他们的教育教学处于模仿、借鉴、学习和吸收阶段。此时，指导他们进行文本内部关联阅读研究，形成他们对一篇文本的整体认知，是每一位新入职教师的必修课。

发展期教师：通过一到两个循环的教学磨炼，教师对教材的整个知识的体系有了比较全面的了解。此时，指导他们进行单元内部的关联阅读研究，开阔他们的教学思路，由把一篇看成一个整体，到把一个单元的教学内容看成一个整体，能够选取核心的教学内容，合理安排课时进行教学，以此促进他们在职业发展的"黄金期"得到更大的发展。

成熟期教师：他们已能熟练地驾驭教育教学的各个环节，灵活地应对和处理各种教育教学实践中的现象和问题，具有丰富的教育教学经验。此时，指导他们能够站在整个教材系统的角度来研读教材，能形成对小学阶段知识网络的建构，从改变自身思维的角度来改变学生思维，逐步培养学生具有将所学知识自觉建立联系的思维方式。

优秀期教师：指导他们能够打通课内外学习的通道，由课内学习延伸至课外，以课外促进课内的学习，逐步形成学生的语文学习能力。这方面包括课内一篇带课外多篇，课内一篇带课外一部作品以及整本书阅读等。

卓越期教师：他们的教学方法与经验、智慧和思想将成为教育界特色鲜明的旗帜，能够影响一个学科和一个地区的教育教学发展趋势和走向，引领一大批教师不断地提升。我们知道学习的最终目的是影响生活、改变生活。因此，对处于卓越期的教师，要指导他们能够在教学中帮助学生将学习的知识通过实践转化为自身的素养，生成智慧。

当然，阶段划分是一个相对概念。一些优秀的青年教师在个人素养和勤奋努力之下，也能很快达到更高层级的水平。

二、关联阅读教学的概念内涵

（一）关联阅读教学是一种阅读策略

学生借助课文的学习，培养他们进行预测、推理、启动先备知识、图像化、整合资源、联结生活等阅读策略，来解决学习和生活中各种问题的能力。

（二）开展关联阅读教学培养的是一种思维方式

通过开展关联阅读教学，培养师生们在遇到问题时通过分析、整合、概括、比较、分类、联想、推理、联结等思维方式形成新认识的能力。

（三）关联阅读教学是一种促进教师专业发展的路径

关联阅读教学涉及的五个研究维度分别对应教师专业发展的五个发展阶段，根据教师的专业发展把每个维度研究的内容看作一个整体，最终把力量用在通过促进教师的专业发展，来促进学生发展这个双整体上。

另外，通过开展关联阅读教学的研究，我们想体现以下内容。

1. 一个理念

以促进人的发展为根本，立德树人，以课程育人，追求语文课程特有的基础性、持久性的作用。

2. 一个目标

以提高对语言文字的理解与运用为基础，以发展教师和学生的思维能力为中心，在学习与运用的整体构建中，提高学生的语文素养，促进教师的专业发展。

3. 一个体系

通过教材的学习、整本书阅读、语文实践活动三位一体，构建课内外联系，打通知识学习与素养提升的壁垒，促进教师与学生共同成长。

关联阅读教学既是促进学生与教师共同成长的一种教学理念，也是课程构建的一种理念。

三、开展关联阅读教学研究的意义

从2014年9月至2018年9月，我们开展的"关联阅读教学"已经取得了阶段性成果：打破一直以来围绕一篇文章而研而教的现状，创新教学模式，打通学段、课内外的壁垒。根据五维关联开展实实在在的教研工作，将教师专业发展与促进学生语文素养发展作为教育整体。每个学期，我们都将五个维度的教学进行展示，以此引领全区教师深入开展研究。

或许有人会说，针对一篇文本的教学，这些年大家都在做；开展单元教学研究，××老师也在做……那么，我们开展的"关联阅读教学"与他人研究不同之处在哪里呢？

首先，其他教师是针对语文教学的一个方面进行研究，而我们把语文课程看作一个整体，从课程建构的角度引导教师和学生全面认识语文、学习语文。在学习的过程中，我们更注意到了知识之间的联系、学习策略的掌握与运用以及思维能力的培养。2016年9月13日，中国学生发展核心素养研究成果发布（见下图）。可见，教育的核心目标在于培养全面发展的人。我们开展关联阅读教学的目的就是以此为目标，借助文本的学习让学生及教师在"文化基础"、"自主发展"和"社会参与"方面获得长足的发展。"关联阅读教学"是核心素养和语文学科核心素养在课堂上落地的体现。

其次,"关联阅读教学"探索了处于不同专业发展阶段的教师在应该重点研究的内容上有了更为清晰的指向。对维度逐个进行研究,对促进教师的专业发展起到了积极的作用。通过研究让不同层次的教师们学会上课,能够上出高质量的课。几年的研究让我们可以看到一些变化。

2015年:通州区小学语文教师被评为市级骨干教师(三年一届)的共11人(研修员4人);市级学科教学带头人0人。

2018年:通州区小学语文教师被评为市级骨干教师15人(研修员3人);市级学科教学带头人2人(研修员1人);特级教师1人。研修员张立娟主编出版《关联——小学语文阅读教学新思维》一书。

最后,开展"关联阅读教学"让我们找到了一条适合通州区小学语文的系统教研模式——"五维关联系统教研"。有了自己的研修模式,这对通州区小学语文学科来说是个创举。

在开展教研活动时,研修员引导教师们针对以往教学中存在的问题进行反思;找到问题症结之后,进行相关教学理论的学习;然后通过磨课以后进行课堂教学实践;讲课完毕,授课教师进行反思,听课教师以此课为例,也反思自己教学中存在的问题,在共同商讨中提出改进教学的有效策略;研究团队再次修改教学设计,重新授课……就这样,针对一个研究维度的内容走上一个来回,让教师们都动起来,在"反思—学习—实践—再反思—再实践"的过程中,提高教师对教材的理解,明确教学的目标,在语言的建构与运用、思维的发展与提升、审美鉴赏与创造和文化理解与传承中,实现教师与学生的共同成长。

第二章　关联阅读视野下的单元整体教学特点

这些年，小学语文教学从未停止改革的脚步。为了改变一纲多本的现状，2017年，在教育部的统领下，部编版教材语文教材在小学一年级和初中一年级投入使用。统编版教材有哪些特点呢？

一是有利于坚持工具性与人文性统一的语文课程理念。工具性与人文性的统一，是语文课程的基本特点，这一课程理念对语文课程的改革具有积极的意义。教材采用"双线组元"，适当淡化单元的人文主题，以便在教学中把必要的人文内容的感受与语文关键能力的培养结合起来，真正实现统一。

二是有利于体现语文学科的本体意识。"语文课程是一门学习语言文字运用的综合性、实践性课程"，语文课程理应有自己的"知识体系""能力体系""训练体系"，语文教学理应把引导学生学习必备的语文知识、培养学生理解运用语言的关键能力、全面提升学生的语文素养放在突出的地位。"双线组元"利于促进语文教学回归本体，使语文学科的知识体系清晰起来，使语文课程的规律显现出来，使语文教学的重点、关键点被重视起来。

三是有利于增强语文训练的目的性、针对性、系列性。课改以来，语文教学中学生学习的主体性得到尊重，语文课堂活跃得多。但由于目标不明晰，教学中随意性强，知识点和能力训练点不突出，热热闹闹的感悟多，实实在在的训练少，学生所得有限，教学效率难提高。"双线组元"应要点清晰、方便教师把握。

任何新事物被大家所接受，都要经历一个过程。因此，统编语文教材对于一直沿用京版教材的通州区教师来说，存在很多困惑。而这些困惑的解决也是开展关联阅读视野下单元整体教学的关键。具体表现为以下几个方面的内容。

一、此"单元"是彼"单元"吗？

通览各版本小学语文教材，基本都是以单元的形式存在的。比如京版教材，一本书8个（六年级下册是6个单元）单元，每个单元内由2至3篇精读课文、1篇略读课文以及"语文实践活动"板块组成。而统编版教材以阅读单元为例，是这样呈现的，如下图。

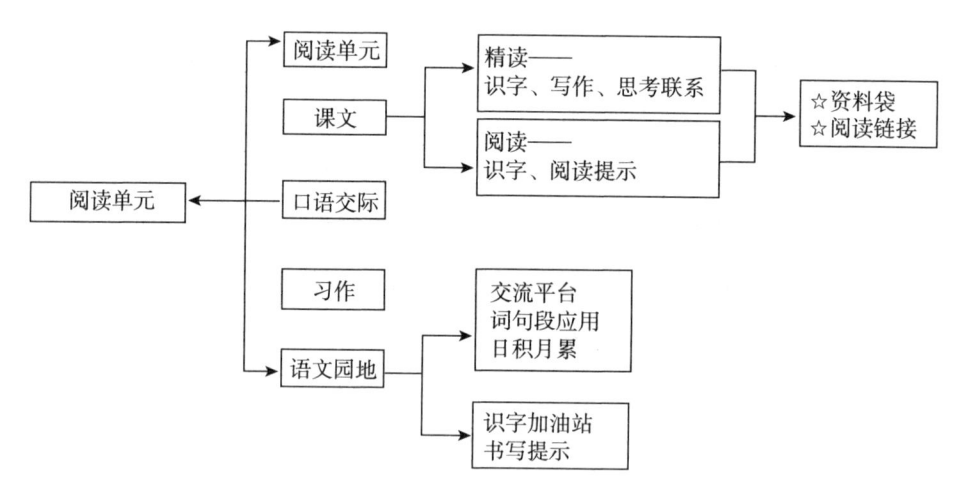

```
                    ┌─阅读单元──┬─精读──────────────┐
                    │           │ 识字、写作、思考联系 │──→ ☆资料袋
                    │  课文     ├─阅读──────────────┤    ☆阅读链接
         阅读单元 ←──┤           │ 识字、阅读提示      │
                    ├─口语交际   └──────────────────┘
                    │
                    ├─习作
                    │           ┌─交流平台
                    │           │ 词句段应用
                    └─语文园地──┤ 日积月累
                                │
                                └─识字加油站
                                  书写提示
```

变化很明显，教材增加了导语页，它的作用如下。

左上角是人文主题，借助它可以知道这一单元由什么内容构成，告诉我们"这个单元有什么"。右下角是语文要素，又分为阅读要素和习作要素，用两三句话告诉我们"用这个单元的内容来干什么"。统编教材就是以这样两条线索编排的，即温儒敏主编所说的"双线组元"。统编教材以"人文主题"和"语文要素"两条线索进行单元设计，在整套教材中体现螺旋上升的梯度安排。

（一）关于人文主题

人文主题主要体现选文的思想性，发挥语文学科独特的育人价值，以文化人。如：统编教材三年级下册第二单元是寓言单元，编排了精读课文《守株待兔》、《陶罐和铁罐》、《鹿角和鹿腿》和略读课文《池子和河流》4篇寓言。"语文园地"中总结了寓言的学习方法，积累9个寓言成语，推荐阅读《中国古代寓言》《伊索寓言》《克雷洛夫寓言》。

从选文上看，这几篇寓言非常经典，富有代表性，体裁多样，有小古文、诗歌、现代文；多时空交叉，古今中外的作品都有涉及；思想多元，涉及脚踏实地与心存侥幸、目标与实践、外表与内在、安逸与奋进等的辩证思考。从教材编排可以看出，编者意图使学生通过这一单元4篇寓言的阅读，掌握学习寓言的方法，激发阅读寓言名著的兴趣，在读懂故事、探寻寓意的过程中传承中国的历史文化，促进学生思维的发展和提升，从而促进语文学科核心素养的养成。

（二）关于语文要素

语文要素包括基本的语文知识、必需的语文能力、适当的学习策略和学习习惯，以及写作、口语训练，等等。

语文要素相当于单元重点读写目标。从三年级开始，教材每个单元都会在导语页标明人文主题和语文要素。如四年级上册第一单元，人文主题是"江流天地外，山色有无中"。语文要素有两条，分别是"边读边想象画面，感受自然之美"和"向同学推荐一个好地方，写清楚推荐的理由"。明明白白在导语页写出来的语文要素，指向了单元学习需要聚焦和落实的重点读写目标。教师在进行单元解读和学习活动设计时，不能随自己的喜好偏离目标走上岔路。那么，单元内课文的学习是否只需要围绕相应的语文要素展开教与学的活动，就算用好了教材，发挥了课文应有的功能了呢？显然，答案是否定的。教师对语文要素要有清醒的认识和科学的理解，这样才能在课程实施中，既保证具体语文要素的落实，又能发挥文本适切的学习价值。对阅读训练要素与单元课文之间的关系，应该有这样两点认识。

首先是落实常规目标，凸显语文要素。语文作为母语课程，在不同的阶段，会有不同的教学侧重点。如，低年级侧重在识字、写字，指导学生读好课文，等等，需要在每节课上进行练习。语文要素是重点学习目标，但不是全部学习目标。任何一个编入教材的文本，都是为学生的母语学习服务的。母语学习四年级下册第八单元的语文要素是"感受童话的奇妙，体会人物真善美的形象"。这个要求依然比较笼统，如何"感受童话的奇妙，体会人物真善美的形象"，还需要进一步细究。通读本单元的导语、课文、练习就会发现，童话的奇妙是通过丰富的想象来表现的，由此可以将语文要素细化为"抓住童话中的想象，感受童话的奇妙，体会人物形象"。再进一步研读课文，会发现每篇课文中的文学审美想象各不相同。《宝葫芦的秘密（节选）》中的王葆是个普通少先队员，属于"常人"。课文节选的部分里，宝葫芦还没有登场，童话的特征并不明显。为避免教成一般性的叙事作品，就需要引进语文本体性知识："常人体童话"如何读出童话味儿？学生并不需要识别、掌握"常人体童话"这个概念，但需要以此为线索优化阅读活动，抓住课文中出现的"我有几次对着一道数学题发愣""我和同学们比赛种向日葵，可我家里的那几棵长得又瘦又长"等信息，让无所不能的宝葫芦出场帮忙，想象王葆和宝葫芦之间发生的种种啼笑皆非的故事，童话的奇妙自然也就感受、体会到了。《巨人的花园》营造了花园的奇幻变化，应通过场景还原与比较的方式引导学生来感悟童话的奇妙。《海的女儿》是拟人体童话，通篇充满诗意的氛围，应引导学生读懂小人鱼的心事和所受的苦难，找出最能打动自己的地方，在悲剧性审美中感受童话的力量。

其次是单元内的课文不一定都要落实语文要素。一个单元内的三到四篇课文都必然对应了语文要素的落实，但并不是单元内的每一篇课文都对应。一般情况下，单元内的课文都服务于阅读训练要素的落实，但有的课文会例外。例如，六年级上册第二单元，阅读训练要素和表达训练要素都聚焦点面结合的场面描写，编排的文本有毛泽东的《长征》、沈重的《狼牙山五壮士》、李普的《开国大典》、王愿坚的《灯光》。细细阅读这四个文本，会发现只有《狼牙山五壮士》和《开国大典》运用了典型的点面结合的场面描写方法，而七律《长征》和回忆性叙事散文《灯光》因为没有典型的场面描写，所以也不存在点面结合的写法。如果教师不注意到这一点，一定要生拉硬拽，让学生牵强地从《长征》和《灯光》中发现点面结合的写法，就会让学生一头雾水了。《长征》首联"红军不怕远征难，万水千山只等闲"是全诗的总领，后面的三联都是围绕首联展开的，但这种结构与场面描写中的点面结合，显然不是一回事。有的教师根据单元阅读训练要素，想当然地将整个长征历程解读成"面"，诗中的"跨五岭、越乌蒙、渡金沙、闯

第二章 关联阅读视野下的单元整体教学特点

大渡、过岷山"等解读成"点",是不合适的。《灯光》一文,更加找不到典型的点面结合的场面描写内容。那么,为什么会将这两篇课文编排在这个单元里呢?我认为,这应该更多地考虑到了人文主题和目标的需要。

统编语文教材语文要素的回归,是统编语文教材的重大创新,是在十多年前教材以训练点形式呈现单元重点教学内容的发展。它使得教材在既关注知识、能力、方法策略、习惯培养的基础上,又关注了人文的意蕴,是实现立德树人目标的有效载体。语文作为一门独立的学科,理应有自己的自洽性知识体系。站在新教学理念的视角,将语文要素转化为语文活动知识,以此优化语文活动设计,进而让学生在语文活动中形成自己的语文经验,将这些知识"化"入学生个体的生活和生命之中,这是落实语文要素应当选择的必然路径。

教材以"双线组元"安排教材,体现了编者力图引导学生构建知识体系,通过学习提高语文学科核心素养的意图。下表为小学阶段各年级的人文主题和语文要素的一览表。

统编语文教材一至六年级各册人文主题与语文要素一览表

年级	册次	单元	人文主题	语文要素
一年级	上册	我上学了	爱祖国、爱学习、爱语文	1. 角色转换,适应新的学习环境 2. 接触基本的语文学习活动,产生学习兴趣
		第一单元	识字单元	1. 在有趣的情境中认识象形字,感受汉语的音韵特点 2. 了解汉字笔顺规则
		第二单元	拼音单元	韵母、声母、整体认读音节,拼读练习
		第三单元	拼音单元二	复韵母、鼻韵母、整体认读音节,拼读练习
		第四单元	自然	正确、流利地朗读课文
		第五单元	识字单元二	初步认识会意字、形声字,了解汉字偏旁表义的构字规律
		第六单元	想象	1. 把课文读正确、读通顺 2. 初步建立句子的概念,根据角色进行朗读
		第七单元	儿童生活	1. 联系生活实际,理解课文内容 2. 合理搭配"的"字词语
		第八单元	观察	1. 寻找明显信息 2. 借助图画阅读课文

续表

年级	册次	单元	人文主题	语文要素
一年级	下册	第一单元	识字单元一	自主识字，主动识字
		第二单元	愿望	找出明显信息，培养阅读理解能力
		第三单元	伙伴	1. 联系上文了解词语意思 2. 词句的积累和运用 3. 分角色朗读对话
		第四单元	家人	1. 读好长句子 2. 积累词语和古诗 3. 根据信息简单推断并联系生活实际进行表达
		第五单元	识字单元二	学习运用形声字的构字规律识字
		第六单元	夏天	1. 联系生活实际了解词语的意思 2. 仿说仿写句子 3. 读好问句和感叹句
		第七单元	习惯	1. 根据信息作简单推断 2. 读好疑问句和祈使句
		第八单元	问号	1. 借助图画阅读课文 2. 读好多个角色的对话
二年级	上册	第一单元	大自然的秘密	积累并运用表示动作的词语
		第二单元	识字单元	自主识字，自主阅读
		第三单元	儿童生活	阅读课文，说出自己的感受或想法
		第四单元	家乡	联系上下文和生活经验，了解词句的意思
		第五单元	思维方法	初步体会课文讲述的道理
		第六单元	伟人	借助词句，了解课文内容
		第七单元	想象	展开想象，获得初步的情感体验
		第八单元	相处	自主识字，自主阅读；借助提示，复述课文
	下册	第一单元	春天	朗读课文，注意语气和重音
		第二单元	关爱	读句子，想象画面
		第三单元	识字单元	识字写字，发现偏旁之间的关系
		第四单元	童心	运用学到的词语把想象的内容写下来
		第五单元	办法	根据课文内容，谈谈简单看法
		第六单元	大自然的秘密	提取主要信息，了解课文内容
		第七单元	改变	借助提示讲故事
		第八单元	世界之初	根据课文内容展开想象

第二章　关联阅读视野下的单元整体教学特点

续表

年级	册次	单元	人文主题	语文要素
三年级	上册	第一单元	学校生活	阅读：阅读时，关注有新鲜感的词语和句子 表达：体会习作的乐趣
		第二单元	金秋时节	阅读：运用多种方法理解难懂的词语 表达：学习写日记
		第三单元	童话世界	阅读：感受童话丰富的想象 表达：试着自己编童话、写童话
		第四单元	策略单元：预测	阅读：1.一边读一边预测，顺着故事情节去猜想 2.学习预测的一些基本方法 表达：尝试续编故事
		第五单元	习作单元：观察	阅读：体会作者是怎样留心观察周围事物的 表达：仔细观察，把观察所得写下来
		第六单元	祖国河山	阅读：借助关键语句理解一段话的意思 表达：习作时候，试着围绕一个意思写
		第七单元	我与自然	阅读：感受课文生动的语言，积累喜欢的语句 表达：留心生活，把自己的想法记录下来
		第八单元	美好品质	阅读：学习带着问题默读，理解课文的意思 表达：学写一件简单的事
	下册	第一单元	可爱的生灵	阅读：试着一边读一边想象画面。体会优美生动的语句 表达：试着把观察到的事物写清楚
		第二单元	寓言故事	阅读：读寓言故事，明白其中的道理 表达：把图画的内容写清楚
		第三单元	综合性学习：中华优秀传统文化	阅读：了解课文是怎么围绕一个意思把一段话写清楚的 表达：收集传统节日的资料，交流节日的风俗习惯，写一写过节的过程
		第四单元	观察与发现	阅读：借助关键语句概括一段话的大意 表达：观察事物的变化，把实验过程写清楚
		第五单元	习作单元：大胆想象	阅读：走进想象的世界，感受想象的神奇 表达：发挥想象写故事，创造自己的想象世界
		第六单元	多彩童年	阅读：运用多种方法理解难懂的句子 表达：写一个身边的人，尝试写出他的特点
		第七单元	奇妙的世界	阅读：了解课文是从哪几方面把事物写清楚的 表达：初步学习整合信息，介绍一种事物
		第八单元	有趣的故事	阅读：了解故事的主要内容，复述故事 表达：根据提示，展开想象，尝试编童话故事

续表

年级	册次	单元	人文主题	语文要素
四年级	上册	第一单元	自然之美	阅读：边读边想象画面，感受自然之美 表达：推荐一个好地方，写清楚推荐理由
		第二单元	策略单元：提问	阅读：阅读时尝试从不同角度去思考，提出自己的问题 表达：写一个人，注意把印象最深的地方写出来
		第三单元	连续观察	阅读：体会文章准确生动的表达，感受作者连续细致的观察 表达：进行连续观察，学写观察日记
		第四单元	神话故事	阅读：1.了解故事的起因、经过、结果，学习把握文章的主要内容 2.感受神话中神奇的想象和鲜明的人物形象 表达：展开想象，写一个故事
		第五单元	习作单元：把一件事写清楚	阅读：了解作者是怎样把事情写清楚的 表达：写一件事，把事情写清楚
		第六单元	成长故事	阅读：1.学习用批注的方法阅读 2.通过人物的动作、语言、神态体会人物的心情 表达：记一次游戏，把游戏过程写清楚
		第七单元	家国情怀	阅读：关注主要人物和事件，学习把握文章的主要内容 表达：学习写书信
		第八单元	历史传说故事	阅读：了解故事情节，简要复述课文 表达：写一件事，能写出自己的感受
四年级	下册	第一单元	乡村生活	阅读：抓住关键词句，初步体会课文表达的思想感情 表达：写喜爱的某个地方，表达出自己的感受
		第二单元	科普文	阅读：阅读时能提出不懂的问题，并试着解决 表达：展开奇思妙想，写一写自己想发明的东西
		第三单元	综合性学习：现代诗歌	阅读：1.初步了解现代诗的一些特点，体会诗歌表达的情感 2.根据需要收集资料，初步学习整理资料的方法 表达：合作编小诗集，举办诗歌朗诵会
		第四单元	作家笔下的动物	阅读：体会作家是如何表达对动物的感情的 表达：写自己喜欢的动物，试着写出特点

续表

年级	册次	单元	人文主题	语文要素
四年级	下册	第五单元	习作单元：学习按游览的顺序写景物	阅读：了解课文按一定顺序写景物的方法 表达：学习按游览的顺序写景物
		第六单元	儿童成长	阅读：学习把握长文章的主要内容 表达：按一定顺序把事情的过程写清楚
		第七单元	人物品质	阅读：从人物的语言、动作等描写中感受人物的品质 表达：学习从多个方面写出人物的特点
		第八单元	中外经典童话	阅读：感受童话的奇妙，体会人物真、善、美的形象 表达：按自己的想法新编故事
五年级	上册	第一单元	万物有灵	阅读：初步了解课文借助具体事物抒发情感的方法 表达：写一种事物，表达自己的感情
		第二单元	策略单元：提高阅读速度	阅读：学习提高阅读速度的方法 表达：结合具体事例写出人物的特点
		第三单元	民间故事	阅读：了解课文内容，创造性地复述故事 表达：提取主要信息，缩写故事
		第四单元	爱国情怀	阅读：结合资料，体会课文表达的思想感情 表达：学习列提纲，分段叙述
		第五单元	习作单元：介绍事物	阅读：阅读简单的说明性文章，了解基本的说明方法 表达：搜集资料，用恰当的说明方法把某一种事物介绍清楚
		第六单元	舐犊之情	阅读：体会作者描写的场景、细节中蕴含的感情 表达：用恰当的语言表达自己的看法和感受
		第七单元	自然之美	阅读：初步体会课文中静态描写和动态描写 表达：学习描写景物的变化
		第八单元	读书明智	阅读：根据要求梳理信息，把握内容要点 表达：根据表达的需要，分段表述，突出重点

续表

年级	册次	单元	人文主题	语文要素
五年级	下册	第一单元	童年往事	阅读：体会课文表达的思想感情 表达：把一件事的重点部分写具体
		第二单元	走进中国古典名著	阅读：初步学习阅读古典名著的方法 表达：学习写读后感
		第三单元	综合性学习：遨游汉字王国	阅读：1. 感受汉字的有趣，了解汉字文化 2. 学习搜集资料的基本方法 表达：学写简单的研究报告
		第四单元	责任	阅读：通过课文中动作、语言、神态的描写，体会人物的内心 表达：尝试运用动作、语言、神态，表现人物的内心
		第五单元	习作单元：具体地表现一个人的特点	阅读：学习描写人物的基本方法 表达：初步运用描写人物的基本方法，具体地表现一个人的特点
		第六单元	思维的火花	阅读：了解人物的思维过程，加深对课文内容的理解 表达：根据情境编故事，把事情发展变化的过程写具体
		第七单元	世界各地	阅读：体会静态描写和动态描写的表达效果 表达：搜集资料，介绍一个地方
		第八单元	风趣与幽默	阅读：感受课文风趣的语言 表达：看漫画，写出自己的想法
六年级	上册	第一单元	触摸自然	阅读：阅读时能从所读的内容想开去 表达：习作时发挥想象，把重点部分写得详细一些
		第二单元	革命岁月	阅读：了解文章是怎样点面结合写场面的 表达：尝试运用点面结合的写法记录一次活动
		第三单元	策略单元：有目的地阅读	阅读：根据阅读目的，选择恰当的阅读方法 表达：写生活体验，试着表达自己的看法
		第四单元	小说	阅读：读小说，关注情节、环境，感受人物形象 表达：发挥想象，创编生活故事
		第五单元	习作单元：围绕中心意思写	阅读：体会文章是怎样围绕中心意思来写的 表达：从不同方面或选取不同事例，表达中心意思

续表

年级	册次	单元	人文主题	语文要素
六年级	上册	第六单元	保护环境	阅读：抓住关键句，把握文章的主要观点 表达：学写倡议书
		第七单元	艺术之旅	阅读：借助语言文字展开想象，体会艺术之美 表达：写自己的拿手好戏，把重点部分写具体
		第八单元	走近鲁迅	阅读：借助相关资料，理解课文主要内容 表达：通过事情写一个人，表达出自己的情感
六年级	下册	第一单元	民风民俗	阅读：分清内容的主次，体会作者是如何详写主要部分的 表达：习作时注意抓住重点，写出特点
		第二单元	外国文学名著	阅读：1. 借助作品梗概，了解名著的主要内容 2. 就印象深刻的人物和情节交流感受 表达：学习写作品梗概
		第三单元	习作单元：表达真实情感	阅读：体会文章是怎样表达情感的 表达：选择合适的内容写出真情实感
		第四单元	理想和信念	阅读：1. 关注外貌、神态、言行的描写，体会人物品质 2. 查阅相关资料，加深对课文的理解 表达：习作时选择适合的方式进行表达
		第五单元	科学精神	阅读：体会文章是怎样用具体事例说明观点的 表达：展开想象，学写科幻故事
		第六单元	综合性学习：难忘小学生活	阅读：运用学过的方法整理资料 表达：筹划简单的校园活动，学写策划书

这些若干的点分布在各个单元内容中，与以前的语文园地截然不同，有一个实践性的导向与之联系，更加强化生活意识和活动意识。语文知识也不再特别强调主题先行，防止过度训练以及过度强调主题的现象。

二、"单元整体"和"单元整合"是一回事吗？

"单元"是统编语文教材的组织结构形式。简单说，就是以一组课文为基本的教学材料，加上导语、口语交际、词句段的运用、交流平台、习作、课外阅读等栏目，形成相对完整的一个学习单位。

从概念来说，整体，指整个人、事物或组织的全体，由有内在关系的部分所组成。各个组成部分或功能互补，或利益共同，或协调行动。单元整体教学是指以一个单元作为语文教学的基本单位，教师遵循学生学习的一般规律，以主题为线索，开发和重组相关的教学内容，把讲读、自读、练习、习作等环节有机地、灵活地结合起来，形成一个不可分割的教学整体设计。它是促进学生语言、思维、审美和文化理解的整体建构，是使语文知识系统化，语文能力序列化的一种策略，可以有效改变语文教学知识碎片化，思维窄化的问题，从而提高语文教学的效率。

整合是通过整顿、协调重新组合。这种形式就是统编版教材使用之前，大家经常能够看到的在一个单元内教学顺序的调整或者教材系统内教学顺序的调整，使其能够更加突出地完成一个教学目标。因此，在以往的教学中，囿于教材编排的限制，教师们在教学实践中更多体现的是整合的思想。

统编教材使用以来，一个单元在人文主题和语文要素的统领下，单元内部就是一个小的整体，编者力图让课文以及各板块协同发挥作用，实现单元教材之间的整体性联动。例如，下图：

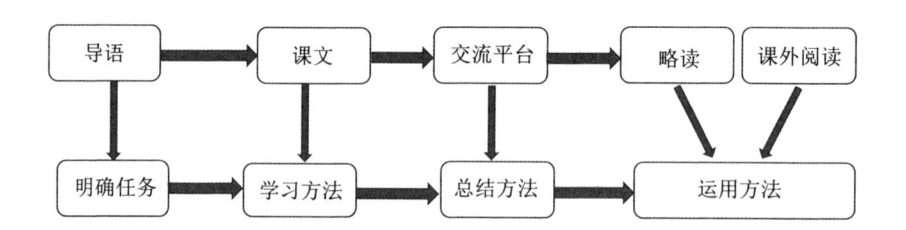

导语 → 课文 → 交流平台 → 略读　课外阅读
　↓　　　↓　　　↓　　　　↓　　↙
明确任务　学习方法　总结方法　运用方法

不难看出，单元内各板块的作用是非常明确的，这就使得单元学习更便于学生一课一得，一单元一大得，"得得"相连，循序渐进，促进语文知识系统化，语文能力序列化，有效改变语文教学的现状，提高语文教学的效率。

这其中，教师们要对各板块有清醒的认识。

首先，是对课文的认识。以一年级下册第一单元为例。

第二章 关联阅读视野下的单元整体教学特点

```
识字
① 春夏秋冬……
② 姓氏歌……
③ 小青蛙……
④ 猜字谜……
● 口语交际：听故事，讲故事……
● 语文园地……
● 快乐读书吧……
```

作为识字单元，在承担着识字任务的背景下，每一篇课文都蕴含着一种新的识字方法：《春夏秋冬》体现看图识字；《姓氏歌》体现韵语识字；《小青蛙》体现字族识字；《猜字谜》体现字谜识字。像这样，每一篇课文相互独立，单元内语文要素的体现呈现并联的形式，是一种存在。还有的单元，几篇课文之间在落实语文要素上是一种递进的关系。

其次，是对课后习题要有明确的认识。

1. 课后题蕴含着方法指导。

杜威认为，科学的教材是有组织的，经过理性的加工后，它已经方法化了。部编版教材的最大亮点，就是将语文要素渗透在每一课的课后习题中，并分成若干个知识或能力训练的"点"，由浅入深、由易到难，有梯度地螺旋上升。它既呈现了教和学的任务，还蕴含着教和学的方法。因此，用好课后习题这个重要的学习资源，充分挖掘课后习题的教学价值，是每位语文老师必备的教学基本功。现就课后习题中知识的积累与运用、实现语言的多向度建构等方面，来谈谈如何落实语文阅读力的培养。

《语文新课程标准》提出：阅读力既是语文基础素养，也是满足个人终身发展和社会发展的关键能力。低年级阅读力的培养应指向"阅读兴趣与习惯的培养""基本阅读方法与策略的学习""自主思考与个性表达的养成"等要素。如何围绕这些要素，选取适当的教学内容，进行合理的教材开发？统编本教材的课后习题为我们提供了实践探索的路径。

二年级下册重点落实"借助提示讲故事"的语文要素，课后习题中编排了多个复述课文的训练。《千人糕》课后题借助多幅插图，呈现制作过程；《小马过河》课后题提示关键词语，要求讲述故事始末；《蜘蛛开店》课后题运用思维图呈现课文结构；《羿射九日》课后题用表格列出事情的起因、经过、结果，让学生按照事情发展的过程复述课文。这样的课后习题设计体现出训练程度的不断深化，呈现出从简单到复杂的梯度，为中高年级学生简要地复述课文、创造性地复述课文奠定基础。知识可以传递灌输，但能力不行，其必须通过学习主体的亲身实践和体验，最终自主形成。对于此种课后习题，教师一定要舍得花时间，让学生掌握复述方法，激发学生对复述的兴趣，让学生学会用自己的话把故事叙述出来。只有在不断讲述中，才能切实培养学生口语表达的能力。

再如《鹿角和鹿腿》课后题之间的关系。第一题"朗读课文，注意读出鹿的心情变化"，是按要求读好故事。从整体来看：第一题"读故事"是强调鹿的心情变化，凸显故事的一波三折，有助于理解第二题后中的词语，因为鹿的心情就是随着它对角和腿的感受变化而起变化的；第二题"讲故事"重点是让学生借助关键词用自己的语言重新建构故事，同时对故事中的道理形成自己的初步认识；第三题"析道理"是思维训练，是"读故事""讲故事"的发展，是在思辨中深化认识。按照布卢姆的认知目标分类，第一题是理解，第二题是应用，第三题是分析和评价，三道题环环相扣、层层铺垫，遵循的是寓言学习的过程和方法。教师在利用课后题设计教学活动时，既要看到课后题的任务价值，又要看到其方法。

2. 课后题蕴含着思维发展。

《普通高中语文课程标准》指出：学科核心素养是学科育人价值的集中体现，是学生通过学科学习而逐步形成的正确价值观念、必备品格和关键能力。语文学科核心素养是学生在积极的语言实践活动中积累与构建起来，并在真实的语言运用情境中表现出来的语言能力及其品质；是学生在语文学习中获得的语言知识与语言能力，思维方法与思维品质，情感、态度与价值观的综合体现。主要包括"语言建构与运用""思维发展与提升""审美鉴赏与创造""文化传承与理解"四个方面。语文学科核心素养的四个方面是一个整体。语言是重要的交际工具，也是重要的思维工具；语言的发展与思维的发展相互依存，相辅相成。语言文字是文化的载体，又是文化的重要组成部分；学习语言文字的过程也是文化获得的过程。语言文字作品是人类重要的审美对象，语文学习也是学生审美能力和审美品质发展的重要途径。语言建构与运用是语文学科核心素养的基础，在语文课程中，学生的思维发展与提升、审美鉴赏与创造、文化传承与理解，都是以语言的建构与运用为基础，并在学生个体言语经验发展过程中得以实现的。

不难看出，促进学生思维的发展与提升是语文学科的重要任务之一。在教材中，除了安排单独的思维发展单元，在习题中更是有突出的呈现。如：《跳水》一课中提出"在那个危机时刻，船长是怎么想的？他的办法好在哪？和同学交流。"这个问题。它不是一个简单提取信息的问题，而是要在信息检索的基础上形成解释并作出判断的题目。因此，学生要答好这道题，就要和船长一起经历一个逻辑推理的过程：

遇到的问题—当时的条件—适宜的对策—解决问题的方法。有了这样的思路之后，再组织语言进行表达。因此，课后习题所承载的不是简单的寻求答案的过程，而是要促进学生思维发展的载体。

三、什么是关联阅读视野下的单元整体教学设计？

华中师范大学崔允漷教授曾说："单元是一种学习单位，一个单元就是一个学习事件，一个完整的学习故事，因此，一个单元就是一个微课程。"小学语文单元整体教学以单元为基本的教学单位，以整合为基本的教学理念，以探究式学习为基本的学习方式，在一个完整的大任务驱动下，将教科书中一个单元中的几篇课文和各个板块组织成一个围绕目标、内容、实施与评价的完整的学习事件。

基于教材内容的关联进行单元教学设计，从而建立教材文本、语文学习与生活实践的关联，使学生在真实任务驱动下进行自主、合作、探究式的深度学习，走向对实际问题的解决，是小学语文关联阅读视野下单元整体教学的特征。它使得语文教学从零散的课时走向课时的关联，从单一地讲课文走向情境性、体验性和综合性的语言实践活动。这样就改变了以往教学中，教师总是一课一课地讲，每一课都从字词、内容、表达、思想等多个方面面面俱到地讲解。然而学生并没有形成一定的知识体系，他们的收获往往是零散的。过多的"细读文本"，剥夺了学生们阅读的时间，扼杀了他们的阅读兴趣和阅读自由，也根本落实不了对阅读量与质的要求。《语文课程标准》提出："广泛阅读各种类型的读物，课外阅读总量不少于260万字，每学年阅读两三部名著。"要建立单元内的联系，拓宽阅读的渠道，提高课外阅读的数量与质量，就有必要进行单元整合教学。其优势还体现在：

1. 充分地围绕语文要素或人文主题进行教学，目标指向明确，单元整体教学利于知识的吸收与能力的获得。

2. 能在单元教学的过程中以一篇带多篇，有效地学以致用。

3. 能在课堂上节约大量时间进行大量课外阅读，有效提升学生的语文素养，在一定程度上保证新课标对阅读量的要求。

4. 能开阔学生的阅读视野，促进思维的发展。

5. 聚焦语言训练，读中学写，以写促读。

6. 构建课程体系和能力体系。

语文课程的人文性和工具性的特点，决定了语文学科作文工具性的母语课程，它承载着其他学科所不具有的任务，那就是在语文课堂上学习语言文字、学会交流沟通的技巧、学会清晰有条理地表达等。叶圣陶也说过，课本无非是个例子。语文课堂上，教师要善于利用这个学习语言的"例子"，睁大敏锐的"语言双眼"，让学生有效进行语言实践，最终获得语言技能和语文素养。高效的单元整体教学，不再有教师的低效行为，代之以学生的自主学习和语言训练的聚焦。

四、单元教学目标和分课时教学目标怎么制定？

教学目标指教学想要达到的要求、程度和水平，是考查学生的最后获得的依据。《义务教育语文课程标准（2011年版）》是从知识与能力、过程与方法、情感态度与价值观三个维度提出的。从价值观培育、文化传承、发展语言、发展思维以及培养听说读写能力等方面，提出十项目标。

2017年制定的《普通高中语文课程标准》则从"语言建构与运用""思维发展与提升""审美鉴赏与创造""文化传承与理解"四个方面，阐述了高中阶段的课程与教学目标。

在制定教学目标的过程中，要注意三个层面的要求。

（一）宏观层面，准确把握课程标准的学段目标

义务教育阶段，在总体目标之下又提出了低、中、高三个学段的目标。每个学段都包括"识字与写字"、"阅读"、"习作"（第一学段叫"写话"）、"口语交际"、"综合性学习"五个方面的具体目标。《课程标准》规定的教学目标，是编写教材的依据，是实施教学、进行评价的依据，也是语文教学的国家标准，非常重要。认真研读语文课程标准，把教学目标吃准，语文教学才能目标明、方向正、少走弯路，做到有效、高效。

以阅读教学为例，《义务教育语文课程标准（2011年版）》指出："阅读教学应注重培养学生感受、理解、欣赏和评价的能力。"小学阶段的重点是：培养语感，培养理解能力，培养初步的鉴赏能力和初步的评价能力。每个学段，有着不同的侧重点。

1. 培养语感。语感包括对语音、语调、停顿、节奏、语气、语义的反映。这是整个小学阶段的总体要求。

2. 培养理解能力。低年级，主要包括理解词和句的能力，提取显性信息的能力，寻找关键信息并做出简单解释的能力。中高年级，主要包括理解段和篇的能力，提取重要的隐性信息及整合信息的能力；对文本做出解释，可以从内容、情意、写法、语言等方面发表自己的感受和见解；通过阅读，不仅要理解内容，还要读懂情意，了解写法，实现价值观的提升和语言的建构。

3. 培养欣赏能力。低年级，能欣赏、积累有新鲜感的词和句，语言优美、在结构上有特点的词和句，感受语言之美。中高年级，能体会词句的"言外之意、弦外之音"，体会语言的表达效果，感受语言的音韵之美、形式之美。由此，增强对传统文化和祖国语言文字的热爱，培养健康的审美情趣。

4. 培养评价能力。"阅读是学生个性化行为。"提倡学生对文本进行多角度、有创意的阅读，鼓励学生从内容、思想、语言、写法诸方面，进行独立思考与合作探究，谈自己的看法，做出自己的评价。阅读能力是一种综合的语文能力。阅读能力的培养与提升，需要思维的支撑和阅读策略方法的辅助。因此，在阅读教学中，要重视发展思维，要重视方法策略的教学，做到培养阅读能力与发展思维、掌握阅读策略的动态。

认真研读《义务教育语文课程标准（2011年版）》不难看出，从理念到目标，逐渐会与高中课标接轨。作为小学语文教师，要吃透小学阶段的教学目标，了解初中阶段的教学目标，知晓高中阶段的教学目标。这样，对小学语文课程的目标定位会拿捏得更准，执行起来也会更有把握。

（二）中观层面，要把握学年和学期教学目标

要把握学年和学期教学目标，这就要认真研读统编教材。通过梳理一册教材中的单元导语、语文要素、课后思考练习，以及《语文园地》中的重点栏目（如"日积月累"、"字词句运用"或"词句段运用"）、口语交际、习作等内容，明确学期教学目标；再把上、下册合起来研读，清楚每个年级的教学目标；然后比对课标中学段目标的表述，理出每个学期、每个学年的教学目标。此项工作要花费不少时间，但非常值得。它也是我们关联阅读的一个重要方面，目的是引导教师了解教材的编排体系，主动建构知识网络。它不仅能使我们对课标中提出的教学目标有更真切的立体化的理解，而且能把教材的编写意图、内容要求放到教学目标的背景下去理解、去贯彻，有助于提高落实教学目标的精准度。

通过中观层面的研究可以有效解读两个方面的问题。一方面是解决教学中存在的"目标缺位"的问题。如低年级没有落实以识字、写字、学词教学为重点，教学环节安排和时间分配上总是重点不重。又如低年级朗读教学，过早要求有感情地朗读。其实，正确地读，培养基础语感，更为重要。低年级教学，一定要从最基础之处抓起。学生能做到识好字、写好字、读好文、说好话，养成好的学习习惯，就基本上达成了教学目标。中高年级，随着学生学习积极性的提高，对其

基本的读写方法的指导和读写能力的培养，也存在明显不足。另一方面是解决教学中存在"目标越位"的问题。如识字教学，有些教师过多地讲字理，挤占了字词的识、写、用的时间。字理适时、适度地讲一点儿，很有必要，但逢字便讲，大可不必。讲的目的，是为了更好地识记、理解、辨析、使用。教师可以就一些典型字，讲一点儿象形、会意、指事、形声等构字方法；为了辨析字形、字义，讲讲偏旁的区别："礻"与"衤"、"艹"与"竹"、"日"与"目"、"文"与"欠"等。

有了前两个层面的理解，再制定单元教学目标就可依据统编教材人文主题、语文要素双线组元来进行。每个单元前面设单元导语页，既揭示比较宽泛的"人文主题"，又明确提出读与写的"语文要素"，从宏观上提出单元教学目标，确保单元教学有方向、有重点。单元"语文要素"往往是新知识、新方法、新能力，应是教学重点，但不是教学的唯一。正确的做法是，引导学生既在主要训练点上"一课一得"，一个单元上一个台阶，又在已有的知识、方法、能力的综合运用上得到进一步提升。

（三）微观层面，要准确把握课时目标

要准确把握课时目标，重点是围绕语文要素，明确本课时应学什么，学到什么程度；练什么，练到什么程度。要防止教学设计中课时目标的泛化和表述上的千篇一律。

例如五年级下册第六单元，人文主题是：思维的火花照亮时空，照亮昨天、今天和明天。语文要素中的阅读要素是：了解人物思维过程，加深对课文内容的理解。

本单元选入《自相矛盾》《田忌赛马》《跳水》三篇课文。在课后习题中，在阅读要素的落实上安排了如下题目。

《自相矛盾》："其人弗能应也"的原因是什么？生活中有这样的例子吗？

《田忌赛马》的课后习题如下。

⑤ 连一连，把齐威王和田忌赛马的对阵图标画出来。说一说：孙膑为什么要让田忌这样安排马的出场顺序？

[对阵图：齐威王 上等马、中等马、下等马；田忌 上等马、中等马、下等马]

《跳水》：想一想，在那个危急时刻，船长的办法好在哪里？

在对《课程标准》的年段教学任务分析和语文要素理解准确的基础上，针对阅读要素制定出如下单元教学目标。

1. 借助画图的方法梳理文章主要内容和人物的具体做法，并以此推测人物思维过程。

2. 联系文中人物处境，抓住描写具体情境的句子，根据当时的实际情况和人物的举动，推测人物的思维过程。

3. 在读懂人物想法、思维过程的基础上，理解人物品质，读懂作者的表达意图。

到具体课时目标制定时，又要根据课时特点进行设计，比如《跳水》一课的教学。

⊙ 第一课时：

1. 认识"肆、桅"等6个生字，会写"艘、航"等11个生字。

2. 能厘清故事的起因、经过和结果，把握文章大意。

3. 能说出水手们的"笑"对推动故事情节发展的作用。

⊙ 第二课时：

1. 认识生字"瞄"，会写"舱、鸥、瞄"3个字，会写"航行、风平浪静"等12个词语。

2. 能按故事的起因、经过和结果，讲述故事内容。

3. 能说出船长所用办法的好处。

总之，教学目标定得准，方向才不会偏，效果才不会差。那又怎样才能在教学中既准确又全面地达成教学目标呢？

第一，要正确处理价值观引导与语文能力培养的关系。语文课程既要为学生形成正确的价值观和健全人格打下基础，又要凝神聚力培养学生听、说、读、写、思的能力，特别是语言文字运用能力。统编教材采取人文主题和语文要素双线组织的结构，有助于人文熏陶和能力培养协调并进。我们提倡以文化人、以文培能的语文教学。

第二，要正确处理发展语言与发展思维的关系。语言的背后是思维。没有思维的支撑，读，读不深；写，写不通。语文教学如果不重视发展思维，读、写能力难以有质的飞跃。表达要想有画面感，要想给读者想象的空间，就一定要有丰富的想象力、形象思维能力；表达要想有条理，就一定要有较强的逻辑思维能力；表达要想比较深刻、周全，就一定要有辩证的思维方法；表达要想比较新颖，就一定要有创新思维能力。

第三，要正确处理显性目标和隐性目标的关系。显性教学目标，一般指已经量化的、可评可测的教学目标。如识字量、写字量、诗词积累量、课外阅读量，这些在《课标》中是有明确规定的，容易落实，容易检测。有些在课标或教材中虽然没有量化的指标，但可以推测出来。如小学阶段应当掌握的词汇量，各册写字量的要求等。以写字量乘以3，即一个字可以组成三个词语来估算，小学阶段应当掌握7000个左右的词语。这些词语，不是只能抄抄默默的消极词汇，而是可以在口头和书面表达中灵活运用的积极词汇。因此，在日常教学中不仅要重视识字、写字，还要重视学词。此外，还有一些目标是隐性的，没有量化，没有检测标准，就容易在教学中被忽略，而其中有些恰恰是非常重要的。如语言积累（古诗词之外的），特别是在课外阅读过程中自觉的积累，它关系到学生学的是贫瘠的语文还是丰厚的语文；如思维发展，伴随着读书、作文，思维不断打开、深化，它关系到学生学的是僵化的语文还是智慧的语文；如文化传承，结合文本阅读了解相关的文化，特别是源远流长、琳琅满目的传统文化，它关系到学生学的是苍白的语文还是有底蕴的语文；再如习惯培养，主动识字的习惯、良好的写字习惯、持续读书的习惯、勤于动笔的习惯、使用工具书的习惯等，需要在不同年段适时培养，它关系到学生学的是功利的语文还是有后劲的语文。这些重要的隐性目标，很大程度上制约着总体目标的全面实现，制约着教学质量和学生的学习能力，制约着学生运用语文助自己成才、成功所达到的高度。

第三章 关联阅读视野下的单元整体教学策略

《义务教育语文课程标准》指出："语文学习应注重听说读写的相互联系，注重语文与生活的结合，注重知识与能力、过程与方法、情感态度与价值观的整体发展。""语文课程的建设应继承我国语文教育的优良传统，注重读书、积累和感悟，注重整体把握和熏陶感染；同时应密切关注现代社会发展的需要……""整体"这个词语在《语文课程标准》中出现了多次。统编版教材的特点是体现社会主义核心价值观，做到"整体规划，有机渗透"。采用"双线组织单元结构"，即：按照"内容主题"组织单元，形成一条贯穿全套教材的、显性的线索；同时又以语文素养作为一条暗线架构整个单元的内容。无论从课程标准指出的导向，还是现行的语文教材，都把单元整体教学推到了教学研究的前沿。对已经习惯了以一篇课文为教学单位的教师来说，要转变为以一个单元为整体的教学思想，难度比较大。其关键原因在于对教学内容的整体把握和怎样使用有效的教学策略，提高教学效率。李怀源老师对语文教学有着深刻的认识，他开展小学语文单元整体教学的研究已经很多年，并取得了丰硕的成果。我非常有幸，加入了李老师的研究团队。下面，就以五年级下册第一单元的单元整体教学为例，谈一谈具体的教学策略。

单元整体教学分为教科书教学、读整本书和语文实践活动三个部分。在教科书教学中，统编版五年级下册第一单元以"童年往事"为主题，编排了四篇课文。四篇课文呈现了不同的表达思想感情的方法。如《古诗三首》借助描写儿童的事例，表达作者的喜爱之情；《祖父的园子》将感情蕴含在对具体事例及景物的描写过程中；《月是故乡明》则通过典型事例，以直抒胸臆的语句表达了作者强烈的思乡之情；《梅花魂》是通过事例、细节表现思想感情。另外，"口语交际——走进他们的童年岁月""习作——那一刻，我长大了"，分别呈现的是了解成人的童年和关注自己正在经历的童年；"语文园地"安排了体会情感方法的梳理、仿写抒发情感的句子以及表达思乡之情的古诗积累等内容，是落实语文要素的集中体现。可以说本单元的课文内容充分体现人文主题——童年往事。课后习题和学习提示、阅读链接都紧紧围绕本单元的语文要素"体会课文表达的思想感情"展开。

读整本书教学，我从人文主题这个角度选择了指导学生阅读《城南旧事》这本书，结合《月是故乡明》学习提示及"语文园地"中"日积月累"的内容设计了"思乡诗词大会"，引导学生开展搜集、整理、运用为一体的语文实践活动。

当如此多的内容放在一起的时候，实现单元整体教学的关键在于找到整合点。结合单元文本内容和语文要素，我将整合点确定为在童年的事与景中，感受回不去的童年，体会作者对家乡的思念之情。

在具体教学过程中，为了体现单元教学的整体性，切实提高学生的语文素养，我主要采用了以下教学策略。

一、比较

"比较"是教学中常用的教学策略，它便于学生发现事物之间的异同。

比如，在教学《祖父的园子》第三部分内容时，让学生圈画出这部分和第一部分内容都描写了哪些景物，然后引导学生发现作者写作角度的不同，从而体会到园子里的有趣和动植物的自由自在，为结合"阅读链接"体会萧红对童年生活的深深怀念做好铺垫。

本单元教学中，为了更好地落实语文要素，可以将教学的顺序重新编排。比如：《古诗三首》写的是成人眼中的儿童；《梅花魂》写的是儿童眼中的成人。两者写作角度不同，体现的思想感情的方式也存在异同。《祖父的园子》写的是园景与园事，而《月是故乡明》写的是往事与经历，虽都是从两个方面来写，体现思想感情的方式同样也存在异同。依据这样的特点，我们不妨重新进行整合，调整教学的顺序：将《古诗三首》和《梅花魂》进行比较阅读，从而得出两篇课文的相同点是借事抒情，不同点是《梅花魂》还运用了借景抒情的方法；将《祖父的园子》和《月是故乡明》进行比较阅读，引导学生发现两篇课文都是从两个方面来写的，都运用了借事抒情和借景抒情的方法，不同之处在于《月是故乡明》还运用了直接抒情的方式。

从以上教学可以看出，运用比较的策略，学生对学习的内容可以有更深入的理解，更难能可贵的是让学生的思维迈进了一步，有利于学生今后的学习与发展。

二、图像化

"图像化"是指围绕文本内容或语文要素将复杂的信息通过梳理，来制作"图像"的进程。当然，还包括引入与学习内容相关数字图像信息。运用图像化教学策略其目的是让学生从这些图像中获得对信息的整体感知，进而形成对单元内容或语文要素的把握。

五年级下册第一单元的四篇课文，无论是插图还是课文背景都非常好地表现了课文内容。通过它们搭建支架可以更好地促进学生对课文内容的理解。由此，我们也可以进行引申。比如，《古诗三首》中《四时田园杂兴（其三十一）》和《村晚》都配有插图，而《稚子弄冰》则没有。这种情况下，教师引导学生看注释、想象画面，说一说"如果让你给古诗配插图，你认为画面上应该有什么"，接着让学生口头描述画面。这样《村晚》这首诗所描绘出的儿童的天真可爱就在学生的头脑中扎根了。

在指导学生进行《城南旧事》整本书导读的过程中，引入电影《城南旧事》的片段，可以在直观的图像与感性的文字间搭建桥梁，激发学生的阅读兴趣。

本单元语文要素是"体会课文表达的思想感情"，四篇课文表达情感的方式各不相同。通过列图表的方式，可以让学生非常清晰地看到作者表达情感的方法和总结自己体会情感所运用的方法。如下所示。

课题	表达情感的方法	体会情感的方法
《祖父的园子》	寓情于景，寓情于活动	联系生活实际、想象、结合插图、朗读、借助关键语句、借助资料等
《古诗三首》	叙事	细节描写
《月是故乡明》	叙事、寓情于景、直接抒情	叙事、寓情于景、直接抒情
《梅花魂》	具体事例	叙事中抒情

通过借助图表，指导学生围绕语文要素展开学习，既培养了学生的自学能力，又可以更加直观地掌握本单元的重点学习内容。

图像化教学策略其本质指向的是整体构建，是从教阅读、教方法向发现阅读、发现方法的转身，是以生为本教学思想的体现。

三、陌生化

"陌生化"是指把生活中司空见惯的事物用一种偏离或反常的方式呈现出来，以引起人们注意的一种方式。单元整体教学中运用陌生化教学策略是将看似熟悉的内容，通过转化形成一种陌生的感觉，在进一步学习中，可以对所学内容进一步强化，从而形成新的认知或提高学生语文能力。这种"陌生化"的表象，给学生以感官的刺激或情感的震动，有利于激发他们的学习兴趣。

比如，本单元"交流平台"板块设计的意图是引导学生交流、总结"体会课文表达的思想感情"的阅读经验。对话中提示了以下方法：1.关注直接抒发感情的语句。2.关注蕴含着感情的描写人、事、景、物的语句。3.把自己想象成文中的主人公，设身处地体会课文表达的思想感情。4.有感情地朗读课文。当然，体会课文表达思想感情的方法绝非只有以上四个。在学习课文的过程中，学生们已经借助表格进行了方法的归纳，此时，它更多地是作为知识呈现出来。教学中，教师以"交流平台"提供的交流形式为契机，引导学生根据提供的语境，同学间交流自己在体会情感时所用到的方法,既巩固了已有经验,又锻炼了交际能力,可谓一举多得。正是这种改变了常规的复习巩固的形式,给学生提供了一个看似陌生的情景。他们畅所欲言,起到了相互借鉴的作用。

四、关联

系统论的创立者贝塔朗菲认为任何系统都是一个有机的整体,它不是各个部分的机械组合或简单相加。系统中各要素不是孤立地存在着,每个要素在系统中都起着特定的作用。要素之间相互关联,构成了一个不可分割的整体。统编教材以教学单元为单位建构教材体系体现的也是整体性,这也是一直以来李怀源老师团队开展单元整体教学的核心意义。因此,努力发现并构建关联是开展单元整体教学的重要策略。

开展单元整体教学除了教师们要发现教科书单元内部的关联以外,它的独创之处在于每一个教学单元都要关联课内外,即开展与单元内容相关的课外整本书阅读和语文实践活动。这样的设计构建了课内外语文学习的联系,打通了知识学习与能力培养的壁垒。可以说,建立关联是开展单元整体教学最重要的教学策略。

比如,结合本单元人文主题和语文要素,《城南旧事》这部小说无疑是与本单元关联最为密切的一部小说。它非常符合"童年往事"这个人文主题,在阅读中又可以综合运用"体会课文表达的思想感情"方法。这是让学生带着已有的阅读经验去自由实践、运用、感悟的过程。学生在作者的娓娓道来中读得进去,对英子的成长理解得深刻。这不仅是学习这一个单元的所得,对学生今后一生的阅读都是受益无穷的。

再如,根据《月是故乡明》学习提示及"语文园地"中"日积月累"的提示,设计体现思乡情感的诗词大会,其目的是让学生在古诗词中体会诗人通过寥寥数语表达情感的方法,对学生进行情感引领。同时培养学生搜集、整理信息的能力,认识中华文化的丰厚博大,汲取人类优秀文化的营养。

可以说，开展单元整体教学运用关联的教学策略，每一个教学单元都可以成为一个独立的小课程。学生在学习的过程中得到的是语言、思维、审美和优秀文化传承的多方面发展。

五、归纳

归纳是由一系列具体的事实概括出一般原理的过程，是对学生进行思维培养的有效途径。《语文课程标准》"评价建议"部分指出：根据文学作品形象性、情感性强的特点，可着重考查学生对形象的感受和情感的体验，对学生独特的感受和体验应加以鼓励。

五年级下册第一单元的四篇课文中，《祖父的园子》《梅花魂》《月是故乡明》三篇文章都是散文。在课文教学完成后，教师要充分利用文体特点，引导学生发现其中的意象。比如《祖父的园子》当中的"园子"；《梅花魂》当中的"梅花"；《月是故乡明》中的"月亮"等。通过朗读、想象体会作者借自然之物寄托情思的特点。这样写的作用是借景抒情（《祖父的园子》《月是故乡明》）、托物言志（《梅花魂》）。

通过对单元学习内容的一个整体归纳，学生了解一点简单的文体知识，可以指导他们今后对同类文体的学习。

小学语文单元整体教学强调的是把小学六年的语文学习看作一个整体，突出的是语文能力系统的建构与能力培养。比较、图像化、陌生化、关联、归纳这几种教学策略只是众多策略的代表。像朗读、读写结合、创设情境、质疑等教学策略，根据教学实际同样适用。无论采用什么样的方式，其最终目的都是以学生的学为中心。学生在教师的帮助下在对语言文字的理解感悟和语文实践过程中发展语言，建构思维，进而为终身学习奠定基础。

第四章　关联阅读视野下的单元整体解读及设计案例评析

统编教材在单元构成上分为拼音单元、识字单元、阅读单元、习作单元等。每个单元承载的任务不同。本章将着重讲述各单元的特点及如何进行单元整体设计。

第一节　拼音单元

汉语拼音是帮助学生学习汉字、学习普通话的重要工具。这套教材准确定位拼音的学习目标，强调拼音的工具价值，集中编排汉语拼音，以拼音学习的规律为主要线索安排学习内容。

一、一年级拼音教学目标

拼音的定位是识字的工具和学说普通话的工具。不要求学生听写、默写、用拼音写句子或进行大量的抄默练习，不进行直呼音节、音节构成分析训练等。整体教学目标如下：

（一）学会汉语拼音。能读准声母、韵母、声调和整体认读音节。能准确地拼读音节，正确书写声母、韵母和音节。

（二）能借助汉语拼音识字、正音、学说普通话。

二、教材内容主要呈现特点

（一）加强整合，综合发展各方面能力

教材重视学好拼音，但并不是单一学习拼音，而是将拼音与识字学词、口头表达整合设计，同步进行，听说读写齐头并进，综合发展各方面能力。拼音的每课都配有情境图，而且是整合的情境图。注重以图提示字母的音或形，帮助学生借助形象的事物建立字母音与形的联系，充分利用学生的口语基础，发展学生语言，培养学生的观察能力，增加学习的趣味性。

每幅情境图都蕴含着丰富的拼音学习资源。如《ie ui ui》一课的情境图，描绘的是一群小朋友放学后围坐在一起听老奶奶讲故事的场景。图中的小朋友"一个挨着一个"，桌上放着"杯子"，老奶奶戴着"围巾"，其中的"挨""杯""围"提示了本课复韵母的音。除此之外，图中老奶奶的头发是"白（bái）"的，小朋友的头发是"黑（hēi）"的；最左边的小女孩双手放在"腿（tuǐ）"上听得多专注；右边的两个小朋友"背（bēi）"着书包；杯子里有"水（shuǐ）"……图画中暗藏着许多拼音学习元素，等待着学生去发现。同时，图画还蕴含着丰富的人文内涵——老奶奶和孩子们沉浸在阅读中，十分陶醉，画面营造出的浓厚的阅读氛围，可以潜移默化地影响学生的观念和行为。教学时，教师要充分观察图画，看图说话，从而引出本课要学习的字母和音节，将学生的发展观察能力、表达能力和拼音学习有机结合。

（二）精选常用音节，紧密联系学生生活，提高拼音学习效率

教材重视拼音与学生生活的联系，同时关注学生的已有基础，利用学生认识的汉字学习拼音。教材选择少而精当的音节供学生练习拼读，基于常用音节的频率，以及儿童常用口语词的调查，精心选择使用频率高、与儿童口语联系最为密切的生活常用音节作为学习内容。这些带调音节，都是有效音节，都有实际意

义，可以与学生的口语建立起直接联系，使学生体会到拼音学习的价值。拼音的学习直接指向生活中的实际运用，学生可以充分利用已有生活经验学习拼音，从根本上避免了对学生学习兴趣造成极大伤害的机械操练。

教材中的所有音节都是带调音节，而且不再呈现拼读的过程，只呈现音节本身。个别作为例子的拼读过程，也都作了灰度处理，作为辅助手段帮助学生拼读。这样，学生在读出音节的时候，注视的音节是一个整体，与今后在实际运用中遇到的音节完全一致。这种呈现方式，可以充分利用学生的视觉记忆，提高学生识别音节的熟练程度。

（三）结合拼音认识汉字、学习词语和儿歌，提倡学以致用，强调拼音的实用价值

教材倡导学用结合，在运用中学习。教材中安排了词语和儿歌，并且结合词语和儿歌的学习认识几个汉字。这些词语，都是由学生学过的音节组成的常用词语，每课的几个词语之间存在着内在的逻辑关系，可以使学生初步感知语言特点。所选的儿歌也都包含本课新学的音节。这些词语和儿歌，为学生巩固拼音、复习本课和前面学过的字母和音节提供了语境，体现了拼音学习的工具价值，同时引导学生积累语言，形成初步的语感。

在学习拼音过程中要求认识的几十个常用汉字，都是学生可以自己拼读出来的，使拼音和汉字的学习双线并行，有机地融为一体，而不是相互孤立、自成体系。之前学过的汉字，可以帮助读准拼音，成为学习拼音的好帮手；新学的拼音，又可以帮助认识新的汉字。拼音与识字相得益彰、协同发展，拼音的学习直接指向运用，学生学以致用，体会知识的价值，从中感受到学习成功的愉悦。

（四）重视复习巩固，有针对性地突破难点

拼音阶段的内容选择，对拼音学习的难点给予了格外的关注。"语文园地"的活动设计，也非常重视对难点进行强化练习，集中解决读音易错、字形易混的字母和音节，特别强调在语境中复习拼音。在内容的具体安排上，不面面俱到，不平均用力，而是突出重点，突破难点，保证学生有效、高效地学习拼音。

"语文园地"中复习巩固拼音的活动形式丰富多样，引导学生在各种有趣的游戏活动中复习音节，将复习拼音与认识事物相结合，同时关注学生的思维发展，关注学生的成长，将拼音的学习植根于提高语文素养的大背景下，综合考虑育人的因素，而不仅仅着眼于拼音知识的学习。但是在实际教学中，过度教学，拔高要求，机械操练，导致学生到中高年级仍不能正确熟练掌握和运用拼音。这就要求教师把握年段要求，在一年级达到保底的目标：准确拼读，正确书写。二至中年级在运用中巩固、熟练。到高年级逐渐满足信息社会对拼音程度的要求。依据拼音单元的特点，通州区第四中学小学部罗子叶老师进行了这样的拼音单元整体教学设计。

案例一：整合情境图　学习汉语拼音

——统编版一年级上册拼音单元整体教学设计

一、设计理念

统编教材语文一年级上册拼音学习共有两个单元，分为七个板块：字母、情境图、音节、词语、儿歌、识字、拼音书写，形成了一个多元化的整体，相互渗透，有机结合，体现了语文学科的综合性和整体性。特别是与学习内容紧密联系的情境图，这些情境图既表音又示形，符合一年级学生的心理，降低了拼音学习的难度，增加了拼音学习的趣味性，给学生和教师带来了更大的进行创造性学习的空间。教师应站在学生认知水平的角度上，认真审视每一幅情景图，想办法激发它们对学生的吸引力。让学生借助情景，利用汉语拼音读准字音，会认汉字。本设计通过整合并充分利用拼音单元的情境图，结合学生的已有经验，激发学生的学习兴趣，在情境中认读拼音的同时，训练学生的观察力、想象力，丰富学生的语言，培养学生的审美情趣。

二、内容简介

部编版教材一年级上册第二单元和第三单元为拼音单元，共安排了13课拼音和2个"语文园地"。学习内容包括6个单韵母、23个声母、8个复韵母、1个特殊韵母、9个鼻韵母和16个整体认读音节，还穿插安排了儿歌、词语以及认读字，让学生在读读拼拼中运用、巩固所学拼音，使拼音学习与学生的生活相结合，激发学生的学习兴趣。拼音的书写，要引导学生观察教材的范例以及教师的范写，要指导学生对照四线格的位置进行书写，注意培养学生正确的执笔和写字姿势以及良好的书写习惯。

三、单元目标

（一）学会汉语拼音，能读准声母、韵母，整体认读音节，能准确地拼读音节，正确书写声母、韵母和音节。

（二）能借助汉语拼音识字、正音、学说普通话。

（三）正确认读 a、o、e 等6个单韵母，ai、ei、ui 等8个复韵母，1个特殊韵母 er，an、en 等5个前鼻韵母，ang、eng 等4个后鼻韵母，b、p 等23个声母，yi、wu 等16个整体认读音节；掌握两拼音节和三拼音节的拼读方法，正确拼读声母和单韵母、复韵母组成的音节。

（四）认识四线三格并正确书写6个单韵母、23个声母，5个音节词。

（五）认识"爸、妈"等37个生字，会拼读等28个音节词。

（六）借助拼音和教师的示范，朗读《轻轻地》等10首儿歌。

（七）读记字母表，能区分声母、韵母，整体认读音节。

（八）会读由"车"组成的7个词语，并能选择其中的一两个词语说话。

（九）在大人的帮助下，正确朗读《剪窗花》；借助拼音，和大人一起阅读

《小鸟念书》。

四、总体构想

教材在每一课都提供了情境图，这些情境图既表音又示形，符合一年级学生的学习心理，降低了拼音学习的难度，又增加了拼音学习的趣味性。本设计充分利用书中的情境图，将63个汉语拼音共13课，按照整合情境图分为校园、家园、公园三个场景进行主题教学。根据教学需求和实际学情，运用故事情境导入，引导学生仔细观察图画，自主发现，培养他们的观察力，激发学生的学习兴趣。

活动一：走进拼音王国——公园（5课时）

一、教学目标

（一）学习单韵母a、o、e；声母b、p、m、f、g、k、h；复韵母ao、ou、iu、ie、üe及其四声组成的音节和1个特殊韵母er，读准音，认清形，并在四线三格中正确书写。

（二）能正确拼读声母与单韵母拼成音节的方法和复韵母ie、üe组成的音节。学会带调拼读音节。

（三）初步掌握三拼连读的拼音方法。

（四）认识"画、打"等5个生字，会读儿歌。

（五）认识"爸、妈、雪、儿"4个生字，正确读词语、儿歌。

二、教学过程

（一）第一课时

整体观察情境图，分类。

第四章 关联阅读视野下的单元整体解读及设计案例评析

观察拼音单元每一课的主题图，试着将主题图内容进行分类。

公园	校园	家园
1.a、o、e	4.d、t、n、l	2.i、u、ü、y、w、yi、wu、yu
3.b、p、m、f	7.z、c、s、zi、ci、si	6.j、q、x
5.g、k、h	8.zh、ch、sh、r、zhi、chi、shi、ri	9.ai、ei、ui
10.ao、ou、iu		12.an、en、in、un、ün
11.ie、üe、er、ye、yue		13.ang、eng、ing、ong、ying

（二）第二课时

1. 主题情境图导入，借助儿歌学习读音。

出示图片。

师：瞧，公园里山清水秀，景色宜人。

（1）我们公园齐唱歌：嘴巴张大ɑ、ɑ、ɑ，公鸡打鸣o、o、o，小鹅游水e、e、e。

（2）爬上山坡乐趣多：公园广播b、b、b，小孩爬坡p、p、p，两个门洞m、m、m，一根拐杖f、f、f。

（3）休息一下喝喝喝：白鸽送来g、g、g，水中蝌蚪k、k、k，长椅就像h、h、h。

（4）走到奥运大公园：奥运五环o、o、o，海鸥展翅ou、ou、ou，小牛散步niu、niu、niu。

（5）看到公园一角落：姐姐一起jie、jie、jie，月光亮亮üe、üe、üe，耳机听歌er er er，加上大y变ye、yu。

2. 学习单韵母ɑ、o、e和复韵母o、ou、iu的四声读音。

学习ɑ的四声。

① 再次出示情境图，引导学生观察：小女孩的嘴巴是怎样的？你能试着模仿她吗？学生模仿，教师明确：我们念ɑ的时候，也和唱歌一样，要张大嘴巴，保持口型不变。跟着老师来念，张大嘴巴—ɑ，学生跟读。

② 同桌合作，练习ɑ的发音。"开火车"读，指名读。

③ 单韵母ɑ的头上常有四顶不同的帽子（出示：ā　á　ǎ　à），这四顶帽子就是声调符号，我们可以根据不同的声调符号，读不同的音。

戴上了第一顶平平的帽子，就是第一声，读音也是平平的。（教师范读ā，学生跟读ā。）

戴上了从左下到右上的帽子，就是第二声。（教师范读á，学生模仿读á，并用手势助读。）

戴上了第三顶帽子，就是第三声。它的声音由高到低再到高，形状像个钩。（教师范读ǎ，学生模仿读ǎ，并用手势助读。）

带上了从左上到右下的帽子，就是第四声。我们读时声音要从高到低。（教师领读à，学生模仿读à，并用手势助读。）

④ 出示"小汽车走势"图，教师范读儿歌，学生跟读。

汽车平走ā、ā、ā，汽车上坡á、á、á，汽车拐弯ǎ、ǎ、ǎ，汽车下坡à、à、à。

⑤ 出示ɑ及其四声的卡片，组织学生按顺序读或者变序读。

⑥ 教师：你们能联系日常生活，用ɑ的四声组词或者说一个句子吗？（指名说说）

3. 用同样的方法学习o、e、o、ou、iu、ie、üe、er的四声读音。

（三）第三课时

1. 学习声母b、p、m、f、g、k、h与带调单韵母相拼的音节。

（1）学习声母b和单韵母ɑ拼成音节的方法。

① 教师出示b和ɑ的卡片，引导：同学们，声母b和单韵母ɑ碰在一起可以拼出bɑ这个音节。那么该怎么拼读呢？

学生试读，教师明确：前音轻短后音重，两音相遇猛一碰：b—ɑ→bɑ。（教师范读，学生跟读。）

② 同桌合作，练习bɑ的拼读。教师巡视指导纠正。

③ 出示插图，要求学生小组合作看图拼读并bā bá bǎ bà。

④ 教师：同学们，在拼读音节时，要先看清楚ɑ的声调，然后根据"前音轻短后音重，两音相遇猛一碰"的拼读方法，把声母和带调的单韵母连读成音节。请跟老师读：b—ɑ→bɑ，猪八戒的八；b—ɑ→bá，拔萝卜的拔；b—ɑ→bǎ，打靶的靶；b—ɑ→bà，大坝的坝。

（2）用同样的方法学习p、m、f、g、k、h与带调单韵母相拼的方法。。

2. 学习三拼音节guɑ

（1）教师出示音节guā，追问：这个音节与以前学过的音节有什么不同？

（2）师：guā这个音节中，g是声母，在前边；u是介母，在中间；ɑ是韵母，在后边。由声母、介母、韵母组成的音节叫三拼音节。三拼音节的拼读方法简称三拼法。

（3）利用课件演示快速练读拼出guā的过程。

（4）要求学生跟读三拼法的口诀：声轻介快韵母响，三声连续很顺当。

（5）教师示范拼读guā 学生模仿拼读。

（6）多媒体出示下列音节，学生自由拼读。

g—u—ɑ→guɑ guā guǎ guà

g—u—o→guo guō guó guǒ guò

（7）指名拼读音节，并联系身边的事物说一个词或说一句话。

（8）齐读音节。

3. 用同样的方法学习k、h的三拼音节。

4. 做游戏：学生各拿一张卡片，让拿声母的学生与拿单韵母或介母和单韵母的学生"交朋友"，拼读出音节。

（四）第四课时：指导书写

1. 单韵母、声母的书写：重点指导笔顺。

2. 复韵母的书写：复韵母的两个字母要靠拢，要写得紧凑、匀称。

3. 音节的书写：每个音节之间要有空隙，不要忘记标声调。

（五）第五课时

1. 借助插图，读拼音，识字词。

（1）引导学生结合插图认读词语"爸爸""妈妈"，教师指导轻声的读法。

（2）引导学生借助拼音结合插图，自由认读词语"画画"和"打鼓"。

（3）引导学生结合插图找出"小桥、流水、垂柳、桃花"，并用自己喜欢的方式拼读词语。

（4）出示带拼音的词语"夜色、雪花"，学习雪的读音，口头组词。

（5）用学到的词语试着说一句话。

2. 朗读儿歌巩固拼音。

活动二：走进拼音王国——校园（5课时）

一、教学目标

（一）学习11个声母：d、t、n、l、z、c、s、zh、ch、sh、r，读准音，认清形，并正确地书写。

（二）学会拼读声母d、t、n、l、z、c、s、zh、ch、sh、r与带调单韵母组成的音节。

（三）学习8个整体认读音节：zi、ci、si、zhi、chi、shi、ri。

（四）会认"字、词、语、句、子"等10个生字。

（五）结合插图认识并理解"马路、泥土"等7个词语。

（六）会读儿歌《轻轻跳》《过桥》《绕口令》，并体会童趣。

（七）培养学生保护植物、热爱自然的情感，热爱学习的思想、感情和观察能力。激发学生学习汉语拼音和认识汉字的兴趣，养成正确的执笔姿势，写字姿势和良好的写字习惯。

二、教学过程

（一）第一课时

1. 主题情境图导入，借助儿歌学习读音。

出示图片。

师：看，我们走进了热闹的校园。

校园艺术节开幕了：小鼓小鼓d、d、d，手握柄伞t、t、t，一个门洞m、m、m，用力敲鼓l、l、l。

动物学校真热闹：学习写字z、z、z，刺猬弯弯c、c、c，蚕宝吐丝s、s、s，小i一起zi、ci、si。

翘舌家族开聊啦：翘起舌头zh、ch、sh，值日日出r、r、r，小i一起整体认读，稍长一点zhi、chi、shi、ri。

2. 读准声母d、t、n、l、z、c、s、zh、ch、sh、r的音，认清形，并学习拼读与带调单韵母组成的音节。

① 出示插图，提问：这个d像图上的什么？（学生回答。）

② 教师明确：发音d时，舌尖抵住上齿龈，先憋气再放开，爆破成音。

③ 同桌合作，练习d的发音。教师巡视指导纠正。

④ 教师：你们有什么办法区分d和b？（学生交流。）

⑤ 声母d与单韵母ɑ、e、i、u相拼。

A. 教师：声母d可以与单韵母ɑ、e、i、u交朋友，让我们来读一读吧。

B. 教师强调拼读方法后，多媒体出示下列音节，学生小组合作，自由拼读。

d—ɑ→dɑ dā dá dǎ dà

d—e→de dé dè

d—i→di dī dí dǐ

d—u→du dū dú dǔ dù

C. 指名拼读音节，并联系身边的事物说一个词或说一句话。

D. 齐读音节。

3. 用同样的方法学习t、n、l、z、c、s、zh、ch、sh、r的音，认清形，并学习拼读与带调单韵母组成的音节。

（二）第二课时

1. 学习z的三拼音节。

（1）教师出示音节zuo，提问：这是什么音节？谁能说说它的组成部分？（z是声母，在前边；u是介母，在中间；o是韵母，在后边。）

（2）学生回忆三拼法的口诀。

（3）教师示范拼读zuo，学生模仿拼读。

（4）小组合作，对比拼读：zuo、zu。

（5）多媒体出示z—u—ó→zuó，学生自由拼读。

（6）指名拼读音节，并联系身边的事物说一个词或一句话。

（7）齐读音节。

2. 学生小组合作学习c、s、zhi、chi、shi、r的三拼音节。

（三）第三课时

1. 学习整体认读音节zi、ci、si。

（1）出示声母z、c、s指名读。

教师：同学们把声母z、c、s的音读长些、响亮些，就是认读音节zi、ci、si的音。

（2）教师范读整体认读音节zi、ci、si，学生模仿。

（3）比较发音：z—zi，c—ci，s—si。

（4）教师强调：整体认读音节可以直接给字注音，标调的时候i要去掉小点。

（5）多媒体出示zi、ci、si的四声，小组合作认读。

zi zī zí zǐ zì

ci cī cí cǐ cì

si sī sǐ sì

（6）指名读音节，并联系身边的事物说一个词或一句话。

（7）全班齐读zi、ci、si。

（8）做游戏：在出示的音节中找出认读音节。

2. 学习整体认读音节zhi、chi、shi、ri。

（1）出示声母zh、ch、sh、r指名读。

（2）教师：同学们把声母zh、ch、sh、r的音读长些和响亮些，就是整体认读音节zhi、chi、shi、ri的音。

（3）教师范读整体认读音节zhi、chi、shi、ri，学生模仿。

（4）比较发音：zh—zhi、ch—chi、sh—shi、r—ri。

（5）多媒体出示下列音节，学生分小组合作认读。

zhi zhī zhí zhǐ zhì

chi chī chí chǐ chì

shi shī shí shǐ shì

ri rì

（四）第四课时

指导书写d、t、n、l、z、c、s、zh、ch、sh、r及整体认读音节。

1. 教师讲解：在四线格中的书写要领。

2. 教师在黑板上范写，学生伸出右食指，边读边书空。

3. 学生拿出练习本，在四线格里正确地书写z、c、s。

4. 评价，修改。

（五）第五课时

1. 借助插图，读拼音，识字词。

（1）引导学生结合插图认读"马路、泥土、擦桌子、折纸"，并理解词语的意思。

（2）要求学生用"马、土、不、桌、纸"口头组词并造句。

2. 朗读儿歌巩固拼音。

活动三：走进拼音王国——家园（6课时）

一、教学目标

（一）学习单韵母i、u、ü，复韵母ai、ei、ui，鼻韵母an、en、in、un、ün，后鼻韵母ang、eng、ing、ong，声母：j、q、x、y、w，整体认读音节yi、wu、yu、yuan、yin、yun、ying，读准音，认清形，并正确地书写。

（二）能准确拼读声母与ai、ei、ui组成的音节；能正确拼读声母与前鼻韵母组成的音节。

（三）能正确拼读声母与后鼻韵母组成的音节；初步掌握ü上两点省写的规则。

（四）正确书写音节词"pái duì""lún chuán""míng liàng"。

（五）会认"棋、鸡、妹、奶、白、皮"等13个生字。

（六）理解"妹妹""奶奶"等11个词语的意思。

（七）会读儿歌《在一起》《小白兔》等4首儿歌。

（八）引导学生体会一起游戏的快乐，激发学生学习汉语拼音的兴趣，培养学生的观察能力，养成良好的读书、写字习惯。

二、教学过程

（一）第一课时

1. 主题情境图导入，借助儿歌学习读音。

出示图片。

师：看，我们回到了我们的家园。

（1）院子里真快乐：衣服藏着i、i、i，乌龟爬着u、u、u，鱼儿吐泡ü、ü、ü，还有树杈y、y、y，房子屋顶w、w、w，一起狂欢yi、wu、yu。

（2）气球气球真美丽：七彩气球爸爸送，1—2—3—4—5—6—q，切个西瓜x、x、x，小鸡追蝶j、j、j。

（3）奶奶讲故事：挨着奶奶ai、ai、ai，红色围巾ei、ei、ei，别忘喝水ui、ui、ui。

（4）我们一起看电视：天安门an、an、an，摁下遥控en、en、en，桌上饮料in、in、in，结婚节日un、un、un，穿着裙子ün、ün、ün。yin、yun读音长一些，加上yu变yuan、yuan、yuan。

（5）宝贝晚安：坐在床上ang、ang、ang，小小夜灯eng、eng、eng，抱着婴儿ing、ing、ing，可爱闹钟ong、ong、ong，窗帘影子ying、ying、ying。

2. 读准音认清形。

（1）学习单韵母i。

（2）教师出示插图，明确i的发音方法。学生跟读。

（3）同桌合作，练习i的发音。教师巡视指导纠正。

（4）教师：你有什么好办法记住i？（像只蜡烛，小棍头上有点点点……）

（5）学生自主学习i的四声。

（6）教师：请认真观察一下，i与ī í ǐ ì你们发现了什么？（i加声调时要去掉上面的一点。）学生跟着老师读儿歌：小i有礼貌，标调就摘帽。

（7）出示"小汽车走势"图，教师范读儿歌，学生跟读。

汽车平走ī ī ī 汽车上坡í í í 汽车拐弯ǐ ǐ ǐ 汽车下坡ì ì ì

（8）出示i及其四声的卡片，组织学生按顺序读或者变序读。

小组合作学习 u、ü、ai、ei、ui、an、en、in、un、ün、ang、eng、ing、ong。

（二）第二课时

1. 学习y和yi。

（1）师：单韵母有a、o、e、i、u、ü6个好朋友，你们想不想知道？小i（出示卡片i）的妈妈是谁？出示卡片y，明确：这就是小i的妈妈。小i的妈妈叫大y，大y是声母，所以我们也叫它声母y。声母要读得又轻又短。请跟老师读y、y、y。

① 教师：大y和小i站在一起，组成了一个整体认读音节，我们叫它音节yi。

② 教师领读，学生跟读。大y带小i，一对好母女，两人在一起，仍然读作yi。

③ 教师，你们喜欢童话吗？今天，童话故事记忆小i、大y、音节yi。

④ 教师出示yi的四声，学生跟读。

⑤ 出示"小汽车走势"图，教师范读儿歌，学生跟读：汽车平走yī yī yī 汽车上坡yí yí yí 汽车拐弯yǐ yǐ yǐ 汽车下坡yì yì yì

（2）用同样的方法学习w和wu。

2. 学习yu。

（1）故事记忆：同学们，单韵母里的小ü弟弟没有爸爸妈妈，他可伤心了。你看（出示卡片ü），小ü弟弟的脸上还挂着两滴眼泪呢。小i的妈妈大y（出示卡片y），看见小ü弟弟哭得那么伤心，急忙走过来帮助它，于是大y和小ü站在一起就组成了整体认读音节yu。

（2）引导学生观察单韵母和音节yu，说说自己的发现（ü上的两点不见了）。

（3）教师领读顺口溜，学生跟读：小ü没父母，大y来帮助，小ü忙擦泪，擦掉眼泪还读yu。

（4）教师出示yu的四声，学生自主读。

（三）第三课时

1. 学生根据声母的学习方法，自主学习j、q、x的读音，以及与带调单韵母组成的两拼或三拼音节。

2. j、q、x与单韵母ü相拼。

（1）出示下列音节，学生自由拼读。

n—ü→nü   l—ü→lü

j—ü→jü   q—ü→qu   x—ü→xu

（2）教师：拼读了这五个音节，你有什么发现？

讨论交流：n、l与ü相拼时没有去掉上面的两点；ü与j、j、q相拼时要把ü上的两点去掉。

（3）j、q、x与ü相拼的规则？编顺口溜记忆j、q、x与ü相拼的规则：j、q、x三兄弟，小ü见了把点去。

（4）教师质疑：ü去掉两点读什么？是读u，还是读ü？

小ü也是这样，它与j、q、x相拼时，去掉两点还读ü。

（5）多媒体出示下列音节，学生小组合作拼读，自由拼读

j—ü→jü   jū jú jǔ jù

q—ü→qü   qū qú qǔ qù

x—ü→xü   xū xú xǔ xù

（四）第四课时

1. 复习yi、wu、yu。

2. 学习整体认读音节yuɑn。

（1）教师出示圆纸片引导学生说出圆。

（2）在学生汇报的基础上引导：如果把"圆形"的"圆"变成第一声，应该怎么读？（yuɑn），教师范读，学生跟读。

（3）教师：yuɑn这个整体认读音节较长，同学们有什么办法记住它？想象它是由什么组成的。

（4）明确：整体认读音节yu加上ɑn这个鼻韵母，就组成了另一个整体认读音节yuɑn。

（5）出示yuɑn的四声（yuɑ̄n、yuɑ́n、yuɑ̌n、yuɑ̀n），学生自由读，开火车读，齐读。

（6）引导学生联系生活实际说说含有yuan的词语。

（7）小组合作学习yin、yun、ying。

（五）第五课时

1. 引导学生自主观察，并在必要的时候指导书写。

单韵母i、u、ü，复韵母ai、ei、ui，鼻韵母an、en、in、un、ün，后鼻韵母ang、eng、ing、ong，声母：j、q、x、y、w，整体认读音节yi、wu、yu、yuan、yin、yun、ying。

2. 书写音节词。

提示：要注意音节的几个字母要靠紧，要写得紧凑、均匀；要按顺序写完一个音节的所有字母后再标调；要看一个音节写一个音节，不要看一个字母写一个字母。

3. 交流、评价、修改。

（六）第六课时

1. 借助插图，读拼音，识字词。

（1）引导学生结合插图认读"搭积木、下棋、妹妹、妈妈、蓝天、白云、草原、深林、游戏、骑自行车、打乒乓球"，并理解词语的意思。

（2）引导学生认识并用"棋、鸡、妹、奶、白、皮、草、家、是、车、路、灯、走"口头组词并造句。

2. 朗读儿歌巩固拼音。

活动四：区分声母、韵母，复习整体认读音节（3课时）

一、教学目标

能正确区分形近、音近的声母、韵母，复习整体认读音节。

二、教学过程

（一）第一课时

1. 复习《声母歌》和手指操，边唱边做手指操。

2. 复习声母的书写规则和笔画名称。

3. 我是发现大王：发现形近、音近的声母。

（1）摆一摆。

把声母卡片摆一摆，看看哪些声母是形近、音近的？可以和小伙伴一起合作来找一找、摆一摆，再汇报。

（2）汇报展示。

字形相近的声母：b—p d—q f—t n—m

读音相近的声母：n—l z—zh c—ch s—sh

（3）讨论区别的方法。

他们长得那么像，就像是孪生兄弟一样呢，小朋友有没有什么好办法记住他们呢？

（4）游戏巩固玩法。

第一步：两名小朋友双手对撑着做山洞。

第二步：四至五名小朋友一个拉一个当作火车。

第三步：山洞前一小朋友举起音节卡片b、p、d、q、f、t、n、m、n、l、z、zh、c、ch、s、sh，让扮小火车的小朋友迅速认读，读对了可以顺利钻过山洞，读错了会被两名扮山洞的小朋友用手围住，直到读对了才能通过。（注意举卡片的小朋友要面对同学们，让大家都能看到卡片上的音节；扮小火车的小朋友面向举卡片的小朋友。若读对了，其余的小朋友跟着读三遍。）

4. 书写巩固。

描写指导并引导评价，评出优秀作品给予肯定和奖励。

（二）第二课时

1. 复习、导入。

（1）读韵母表。

（2）今天拼音妈妈请我们当小侦探，帮她找出长得像的韵母和读音相近的韵母。

2. 小侦探在行动。

（1）摆一摆，找出字形相近的韵母。

摆出韵母卡，从中挑出长得像的韵母，把它们摆在一起，时间是1分钟。同位交流，并指名班上汇报，说出韵母的相同和不同之处。

（2）找一找，读音相近的韵母。

时间是1分钟，同位交流，并指名班上汇报。

3. 书写巩固。

描写指导并引导评价，评出优秀作品给予肯定和奖励。

（三）第三课时

1. 复习整体认读音节，同桌两人玩抽签游戏。

每人从整体认读音节卡片中选出5张自己认为难认的音节拿在手上让对方抽，每次抽1张，读对了，可接着抽，读错了被收回卡片，再交换，抽对方的卡片。先抽完为胜方。

2. 学唱整体认读音节歌。

从听录音唱，到跟着录音唱，最后达到会唱。

3. 用整体认读音节卡片玩游戏。

（1）小小邮递员。

老师准备一套整体认读音节卡片。

（2）猜谜语。

出示谜语文字，听老师读，小朋友边听边想。等老师说"谜底是——"，学生举起相应的整体认读音节卡片说谜底。

①摇头摆尾不离水，有翅吐泡不能飞。（yu）

②老家在非洲，力大赛过牛，张口一声吼，百兽都发抖。（shi、zi）

③海南宝岛是我家，不怕风吹和雨打，四季棉衣不离身，肚里有肉又有茶。（ye、zi）

4. 书写巩固。

描写指导并引导评价，评出优秀作品给予肯定和奖励。

单元教学设计总体评析

一、整合情境图，在情境中学拼音识词语

部编版教材在编排上体现了新的课程标准的精神，给了教师广阔的教学空间，给了学生广阔的学习空间。尤其是在拼音单元，教材中每一课都配有有趣、开放的情境图。情境图再现了儿童的经验世界和想象世界，主要分为三大主题：公园、校园和家园。

这些情境图为教师在教学中采用不同的形式与方法激发学生的兴趣，为学生学习汉语拼音提供了广阔的天地。例如，在学习"公园"这一主题的拼音时，我出示主题图，引领学生走进公园这一情境。清晨，我们来到公园一起唱歌：嘴巴张大ɑ、ɑ、ɑ，公鸡打鸣o、o、o，小鹅游水e、e、e。爬上山坡乐趣多：公园广播b、b、b，小孩爬坡p、p、p，两个门洞m、m、m，一根拐杖f、f、f。休息一下喝喝喝：白鸽送来g、g、g，水中蝌蚪k、k、k，长椅就像h、h、h。教材每课还安排了插图，在教学"ɑi ou iu"一课时，我结合这些图片播放柔美的音乐，引导学生观察春天的美景图，将感受到的春天的美丽表达出来，结合学生说话的内容，相继呈现相应的词语，让学生借助拼音正确朗读词语。这样，学生在轻松的气氛中认识了音和形，又学习了词语，表达了自己的想法，并在情境里受到美的感染。不知不觉中，学生的思维得到了锻炼，丰富了语言。

二、调动积极性，故事游戏有机结合

拼音字母的教学方法要讲究趣味性。有效的课堂组织是低年级教学能够成功高效的关键。所以，采用学生喜欢的有趣的教学方法是组织低年级课堂的重要方面。

讲故事是低年级运用得很广泛的方法，在讲解情境图拼音方法、拼音重点的时候，讲故事都是很好的形式，拟人的方法让学生觉得每一个抽象的字母都有生命，都有性格，让他们对知识点的识记更为长久准确。游戏也是拼音教学常用的方法，在课堂的后半段，学生有点累了，精力开始涣散了，可以用游戏的方法引导他们进行更多的练习，比如闯关游戏、找朋友游戏等。

三、联系生活，多渠道学习汉语拼音

课程来源于生活，生活即课程，课程即生活。汉语拼音本身就是学习汉字的工具，因此汉语拼音学习就应重在运用。在每天学完拼音之后，我会让学生找一找身边的一些物品，标上音节做成卡片，然后贴在物品上方，有贴在家里的物品上的，也有贴在教室里的物品上的。这种形式给学生营造出拼音学习的氛围，让学生时刻能见到拼音，在多看多读中熟练掌握音节的拼读。在学生记作业的时候，比较难写的生字引导学生用拼音记。多种方式方法引导学生记拼音、用拼音，提高学生的拼音运用能力。

拼音的学习对很多学生来说是一个从量变到质变的过程。随着拼音学习的时间加长，拼音练习的量增多，学生对拼音方法的逐渐掌握，所以，放慢一点脚步，给学生更多练习的机会，让他们有更多练习的时间，让他们慢慢地体会拼法，既养成了他们学习的好习惯，又能在轻松的环境中达成教学目标。

总之，我们必须用活教材，整合教材，创造性地运用教材，联系生活。用我们的智慧，启发学生的智慧，引导学生在实践中学会学习，学会汉语拼音，学着运用。

第二节　识字单元

汉字作为汉语的记录符号，是世界上最古老的文字之一，至今已有6000多年的历史，是中华优秀传统文化的有效载体，是中华先民智慧的根本体现。现存最早可识的汉字是殷商的甲骨文和稍后的金文，现代汉字即由甲骨文、金文演变而来。在形体上逐渐由图形变为笔画，象形变为象征，复杂变为简单；在造字原则上从表形、表意到形声。除极个别的例外，都是一个汉字一个音节。

对于中国人而言，写好中国字是每一个中国人所应具备的基本素养之一。每一个汉字都承载着中华民族悠久而灿烂的文明，书写汉字的同时，本身就是在传承中华文明，增进人们对中华文化的了解，从而更能增强人们对祖国的热爱，培养学生的创新思维，增强学生的创新能力。因此，在《语文课程标准（2011年版）》当中，就在各学段分别提出了识字写字的要求，具体如下。

第一学段（1～2年级）

1. 喜欢学习汉字，有主动识字的愿望。

2. 认识常用汉字1600—1800个，其中会写800—1000个。

3. 掌握汉字的基本笔画和常用的偏旁部首，能按笔顺规则用硬笔写字，注意间架结构。初步感受汉字的形体美。

4. 写字姿势要正确，字要写得规范、端正、整洁，努力养成良好的写字习惯。

5. 学会汉语拼音。能读准声母、韵母、声调和整体认读音节。能准确地拼读音节，正确书写声母、韵母和音节。认识大写字母，熟记《汉语拼音字母表》。

6. 学习独立识字。能借助汉语拼音认读汉字，用音序检字法查字典。

第二学段（3~4年级）

1. 对学习汉字有浓厚的兴趣，养成主动识字的习惯。

2. 累计认识常用汉字2500个左右，其中会写1800个左右。

3. 有初步的独立识字能力。会运用音序检字法和部首检字法查字典、词典。（原：会使用字典、词典，有初步的独立识字能力）。

4. 能使用硬笔熟练地书写正楷字，做到规范、端正、整洁。用毛笔临摹正楷字帖。

第三学段（5~6年级）

1. 有较强的独立识字能力。累计认识常用汉字3000个左右，其中会写2500个左右。

2. 硬笔书写楷书，行款整齐，有一定的速度。

3. 能用毛笔书写楷书，在书写中体会汉字的优美。

不难看出，识字写字是贯穿整个小学阶段要承担的任务。统编教材中，在一年级的上、下册分别安排了两个单独的识字单元；二年级的上、下册各安排了一个独立的识字单元。

由此也可以看出，识字的渠道之一是集中识字。除此以外，在不同年级借助对课文的学习还要继续识字。同时统编教材的另一个特点就是在"语文园地"板块也安排了"识字加油站"，目的是进一步加大学生的识字量。这样识字的三大渠道已经形成，即：集中识字、课文识字、"语文园地"识字，完成课标中要求学生掌握的汉字量。同时要借助生字的学习促进对课文的理解。"语文园地"识字，除了掌握生字之外，还要将识字指向生活，指向运用。

我们不妨来看看一年级下册第一单元教师对教材的整体解读和对识字重点课时的设计。这是通州区运河小学张杰主任带领一年级组集体研究的成果。

案例二：探寻识字方法 传承汉字文化

——统编版一年级下册第一单元整体教学设计

一、指导思想与理论依据

《义务教育语文课程标准（2011年版）》指出："语文课程是一门学习语言文字运用的综合性、实践性课程。"第一学段的目标是喜欢学习汉字，有主动识字、写字的愿望；掌握汉字的基本笔画、间架结构，初步感受汉字的形体美，努力养成良好的写字习惯，姿势正确，书写规范、端正整洁；渗透汉字文化，体现汉字规律，着力于激发识字兴趣，指导识字方法，培养识字能力。本单元的识字教学重点是运用多种识字策略认识生字，如借助看图识字、韵语识字、字族文识字、字谜识字等进行识字。掌握这些识字方法有利于培养学生识字和阅读的兴趣，发展学生独立识字和阅读的能力，正是落实了《义务教育语文课程标准（2011年版）》对低年级段提出的"喜欢学习汉字，有主动识字的愿望"的要求。

《义务教育语文课程标准（2011年版）》指出："学习用普通话正确、流利地朗读课文，展开想象，感受语言的优美。"本单元的阅读教学，最重要的是指导学生把课文读正确、读流利。指导朗读要体现层次性，每次朗读都要有不同的要求。在借助拼音读准字音的基础上，做到不破词，不拖长音。诵读儿歌、韵文要读出儿歌的节奏和韵律。从而落实《义务教育语文课程标准（2011版）》对低年级段提出的"学习用普通话正确、流利、有感情地朗读课文"的要求。

据科学家对记忆保护率的研究发现，人们通过视觉获得的知识一般能记住25%，通过听觉能记住15%，视听结合，获得的知识能记住65%。这表明，综合多感官的学习，比起单感官学习更有效。在教学过程中，我们精心设计多种教学活动，调动学生多感官参与学习过程，探寻识字方法，提升识字能力。

二、单元教学背景分析

（一）单元内容分析

1. 立足单元整体横向看关联。

本单元编排了《春夏秋冬》《姓氏歌》《小青蛙》《猜字谜》4篇识字课，目的是使学生了解并掌握多种的识字方法；口语交际"听故事，讲故事"，训练学生能认真听故事，听明白故事内容；语文园地一，是对本单元内容的综合考查，使学生在主动识字的基础上，积累优美词语，爱上阅读；最后为快乐读书吧"读读童谣和儿歌"，使学生尝试自主阅读童谣和儿歌，乐于分享阅读感受和书籍。

本单元是识字单元。本单元的语文要素是：自主识字、主动识字。《春夏秋冬》《姓氏歌》《小青蛙》《猜字谜》4篇识字课，均以识字为主，承载着不同的识字任务，利用已经积累的识字方法，巩固看图识字，掌握韵语识字、字族文识字（形声字构字规律）、字谜识字等方法认识本单元44个生字。

课文均充满传统文化色彩，富有童趣，有助于激发儿童的学习兴趣，在识字、朗读、背诵过程中感受大自然四季的美好，了解传统姓氏文化、字谜文化，激发学生对中华传统文化的喜爱之情。

透过课后习题（要求）看联系：对于4篇识字课文的学习，依据不同的文体特点，从不同的角度提出了新的要求，这是我们针对课后习题的识字和阅读方面提出的相关知识点。

课题	课后习题（要求）	相关知识点
《春夏秋冬》	朗读课文、背诵课文	朗读、背诵课文
《姓氏歌》	1. 朗读课文、背诵课文 2. 照样子做问答游戏 3. 选做：说一说班里的同学都有哪些姓	朗读、背诵课文，用拆字法、说偏旁法、组词法介绍姓氏
《小青蛙》	1. 朗读课文 2. 想一想、填一填	朗读课文了解形声字特点
《猜字谜》	猜一猜	根据字形特点编字谜、猜字谜

《春夏秋冬》课后习题：朗读课文、背诵课文。朗读课文的重点应在根据意思读准停顿，词语连读。在能力方面应引导学生观察图片展开想象。例如：通过看到柳枝的形态想象出春风吹。背诵方面，在落实朗读的基础上借助课文插图边想象画面边背诵，感受四季的美好。

《姓氏歌》课后1题：朗读课文、背诵课文，要读出韵律美和节奏感。课后2题：照样子做问答游戏。这是在引导学生做好韵文学习与拓展实践的关联。在韵文的学习探究中已经了解姓和氏称说的两种方式，即分解部件和偏旁称说，从中体会合体字的特点，初步了解根据字的特点选择不同的方法介绍，并积累这样的表达方式，抓住规律落实背诵。在练习中拓展组词介绍姓氏的方法；在活动中根据自己姓氏的特点，运用合适的方法向他人介绍自己，对中国姓氏文化产生兴趣。课后3题：说一说班里的学生都有哪些姓氏。这道题考查学生对姓氏知识的掌握情况，做题前先回忆一下班里有多少同学，都姓什么。

《小青蛙》课后1题：朗读课文。本文是一首儿歌，篇幅短小，朗读时注意适当停顿，读出节奏感。课后2题：想一想、填一填。关键在"想"，想什么？偏旁与意思的关系。怎么想？先组词、再想义、选偏旁、填汉字。语境中巩固形声字特点，根据意思分辨偏旁。

《猜字谜》课后习题：猜一猜。这是一道在同学之间开展编字谜、猜字谜的实践活动题，可以运用本课的识字方法创编字谜。

2. 立足统编教材纵向看递进。

(1) 识字写字能力进阶。

识字写字能力进阶表格

册别	单元	题材	识字写字能力
一年级上册	第一单元	识字单元一	1. 借助听读和联系生活经验，借助象形字、看图、对对子等多种方法识字，初步了解汉字的文化内涵，产生主动识字的愿望 2. 写字姿势要正确，对照田字格里的范字，按照笔顺规则正确书写
	第二单元	拼音单元一	认识四线格并正确书写韵母和声母
	第三单元	拼音单元二	在四线格里正确书写音节词，保持正确的写字姿势和执笔方法，注意培养学生良好的书写习惯
	第五单元	识字单元二	认识会意字，进一步了解汉字偏旁表义的构字规律，进一步了解汉字的文化内涵，喜欢学习汉字
一年级下册	第一单元	识字单元一	1. 了解形声字的构字规律，感受形声字音形义之间的联系 2. 利用已有的生过经验及插图、字谜、形声字规律等自主识字，提高自主识字能力，培养主动识字的习惯
	第五单元	识字单元二	1. 继续了解形声字的构字规律，并学习运用这一规律自主识字 2. 运用归类识字、比较识字、看图识字、韵语识字等方法，逐步提高独立识字的能力，感受识字的乐趣
	第八单元	问号	能借助图画、形声字特点、生活经验猜字、识字

经过一年级上册的学习，学生已掌握看图识字，利用熟字加一笔、减一笔、换一换等识字方法，具备了一定的自主识字能力。并能对照田字格里的范字，按照笔顺规则正确书写。本单元的看图识字是对一年级上册看图识字的巩固与提高，韵语识字、字族文识字和字谜识字是需要掌握的新的识字方法，体现了不同阶段的互相联系和递进。

第四章　关联阅读视野下的单元整体解读及设计案例评析

（2）朗读能力进阶。

朗读能力进阶表格

册别	单元	人文主题	语文要素
一年级上册	第一单元	识字单元	朗读课文要做到眼到、口到、心到，努力做到读正确、读通顺
	第四单元	自然、四季	读准字音，读出轻声、儿化，努力做到连词读，不丢字、不添字，正确停顿，重点读好"一"的不同读音
	第六单元	想象	重视朗读基本功的训练，把课文读正确读通顺，及时纠正学生朗读中的错误现象，还可以进行一些有针对性的朗读训练，读好疑问句和陈述句，创设情境读好角色说话的语气
一年级下册	第一单元	识字写字	词语朗读要读准字音，词语要连读，不可读破，不拖长音，适当停顿。在诵读儿歌韵文中，培养学生的朗读能力，培养语感，读出儿歌的节奏和韵律
	第二单元	心愿	正确、流利朗读课文，读准字音，能读好带有感叹号的句子，尝试读好词语和句子的节奏
	第三单元	伙伴	正确、流利地朗读课文，读好"不"的变调，读好对话，读出不同角色说话的语气；朗读儿童诗，初步体会诗歌的情趣，读出自己的感受
	第四单元	家人	正确流利地朗读课文，读好长句子及问句，注意停顿，读懂句子所表达的意思
	第五单元	识字写字	正确流利有节奏地朗读儿歌，学习用不同的节奏读儿歌、对子等不同形式的韵语
	第六单元	夏天	正确流利地朗读课文，读准字音，读好带有"呢、呀、吧"的问句和感叹句，读出故事的节奏和儿童诗的韵味；能分角色读好课文中的对话
	第七单元	习惯	读好疑问句和祈使句的语气。读出祈使句带有号召、命令的语气，读出疑问句思考的语气
	第八单元	问号	正确流利地朗读课文；体验角色读好对话，学习读出祈使句的语气

关于朗读，在教学中我们了解到：学习一年级上册时学生已经掌握了拼音这个工具，能够借助拼音把课文读正确、读通顺。学习一年级下册时，在这个基础

上，利用掌握的多种识字方法，认识更多的汉字，进一步训练学生的朗读能力，为后面有感情地朗读课文做铺垫。

学生情况分析

经过一年级上册的学习，学生已掌握几种识字方法，具备了一定的自主识字能力，绘制了自己的《识字秘籍》。为了更好地把握学情，针对本单元主题，我们对一年级的593名学生进行了前测。

1. 关于识字的兴趣。

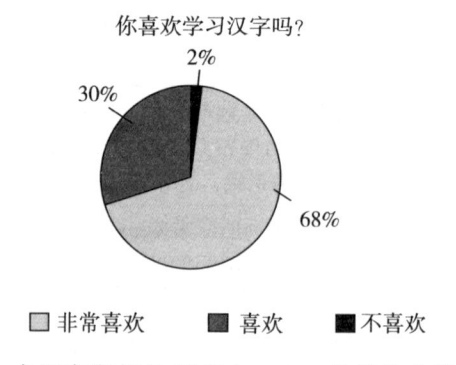

你喜欢学习汉字吗？

□ 非常喜欢　■ 喜欢　■ 不喜欢

调研结果表明，在识字兴趣的调查中，68%的学生非常喜欢学习汉字，30%的学生喜欢学习汉字，2%的学生不喜欢学习汉字。

2. 在识字能力的调查中，97.8%的学生掌握了"看图识字"的识字方法，95.7%的学生掌握了"加一加"的识字方法，84.8%的学生掌握了"减一减"的识字方法，95.7%的学生掌握了"换一换"的识字方法。

基于以上分析，我们将本单元的主题确立为"探寻识字方法，传承汉字文化"。为了更好地落实这一主题，我们以继续绘制"识字秘籍"这一大任务情境推动本单元内容的学习，在单元主题的引领下，进一步激发学生的识字兴趣，鼓励学生拓展识字渠道，从而不断提高自主识字能力，培养主动识字习惯。

三、单元教学目标

（一）学习看图识字、韵语识字、字族文识字、字谜识字等方法，自主识字。

（二）利用已有经验总结梳理识字方法，绘制"识字秘籍"。

（三）学习音序表；认识本单元44个生字和8个偏旁，会写28个字和2个笔画，正确书写汉字。

（四）朗读课文，背诵《春夏秋冬》《姓氏歌》，积累描写春天的词语。

（五）感受大自然四季的美好，增强保护环境的意识；了解传统姓氏文化，激发对中华传统文化的喜爱之情。

（六）自主阅读童谣和儿歌，和小伙伴分享阅读感受和书籍。

（七）认真听故事，借助图片讲故事，做到声音响亮。

（八）养成正确书写习惯及倾听习惯，发言声音响亮。

四、单元教学重难点

（一）了解形声字的构字规律，感受形声字音形义之间的联系。

（二）学习利用已有经验、插图、字谜、形声字规律等多种方法识字。

（三）了解全包围结构字"先外后内再封口"的笔顺规则，在田字格中正确书写。积累描写春天的词语。

五、课时安排

单元课时安排表

课型及内容	课时	课时目标
识字引领课（1.《春夏秋冬》）	第1课时	1. 借助图片，运用识字秘籍中看图识字的方法认识"霜、吹"等5个会认字，会写"春、冬"等3个会写字。认识新偏旁"雨字头""双耳旁" 2. 通过看图、动作演示等方法认读词语，朗读并背诵课文。了解春、夏、秋、冬四季的特点，体会四季的美好
识字引领课（1.《春夏秋冬》）	第2课时	1. 借助图片，运用识字秘籍的方法认识什么等等3个会认字，会写新笔画"横斜钩"，会写"风"等4个会写字 2. 通过看图、动作演示等方法认读词语，朗读并背诵课文。了解春、夏、秋、冬四季的特点，体会四季的美好

续表

课型及内容	课时	课时目标
识字引领课 （2.《姓氏歌》）	第3课时	1. 通过儿歌诵读，认识本课12个生字和"弓字旁""走字旁""金字旁"3个新偏旁，会写"姓、什、么"等3个生字 2. 正确朗读课文，背诵课文 3. 能运用合适的方法，向他人介绍自己的姓氏，对中国姓氏文化产生兴趣
识字引领课 （2.《姓氏歌》）	第4课时	1. 会写"双、王、国、方"等4个生字 2. 背诵课文
识字引领课 （3.《小青蛙》）	第5课时	1. 通过儿歌诵读，认识"清、晴"等12个生字；会写"青、清"2个生字 2. 了解"青"字族汉字的特点，体会形声字的构字规律 3. 正确朗读儿歌。喜欢小青蛙，有自觉保护青蛙的意识
识字引领课 （3.《小青蛙》）	第6课时	1. 分析形声字的方法复习本单元生字新词 2. 认识"病字旁"，会写"气、晴"等5个生字 3. 正确朗读儿歌。喜欢小青蛙，有自觉保护青蛙的意识
识字引领课 （4.《猜字谜》）	第7课时	1. 借助字谜认识"相、遇"等5个生字和1个新偏旁"又字旁"；会写"字、红、时"3个生字，做到规范、端正、整洁 2. 能根据谜面和汉字特点猜出"秋"字 3. 朗读第一则字谜
识字引领课 （4.《猜字谜》）	第8课时	1. 认识"言、互"等7个生字和1个新偏旁"两点水"；会写"左、右、动、万"4个生字；能掌握"青"字族的汉字，巩固形声字的构字规律 2. 能正确朗读第二则字谜 3. 能根据谜面以及汉字特点猜出谜底，并能结合谜面说出猜谜的依据，感受猜字谜的乐趣
口语交际 （听故事，讲故事）	第9课时	1. 能认真听老师讲故事，并借助图片，听懂故事内容，记住故事内容 2. 能借助图片讲故事，把故事讲完整，声音响亮 3. 有当众讲话的勇气和信心
语文园地一	第10课时	1. 学用字词句，读准词语 2. 读准《汉语拼音字母表》，熟记字母大小写 3. 区分韵母是 an、ang 的字 4. 练习写全包围的字时，注意书写规则：先外后内再封口

续表

课型及内容	课时	课时目标
语文园地一	第11课时	1. 留心观察周围的事物，丰富自己的见闻和感受，激发学生热爱大自然的情感 2. 认识本课的词语，能正确朗读 3. 学习并积累有关描写春天的词语 4. 了解儿歌内容和结构 5. 正确、流利地朗读儿歌，明确儿歌中写了藤和瓜、蜜蜂和花、白云和风、我和同学这几组要好的朋友及其原因
快乐读书吧	第12课时	1. 对童谣和儿歌产生兴趣，喜欢读童谣和儿歌类的书籍 2. 尝试进行自主阅读，结合生活实际增强阅读体验 3. 乐于展示自己的阅读成果，愿意和小伙伴分享阅读感受和书籍

六、具体课时设计

（一）第一课时 《春夏秋冬》——识字引领课

教学目标

1. 借助图片，运用识字秘籍中看图识字的方法认识"霜、吹"等5个会认字，会写"春、冬"等3个会写字。认识新偏旁"雨字头""双耳旁"。

2. 通过看图、动作演示等方法认读词语，朗读并背诵课文。了解春、夏、秋、冬四季的特点，体会四季的美好。

教学重难点

正确、流利地朗读、背诵课文。观察图片，使学生建立图和词语的联系。

教学过程

1. 复习、激趣导入。

（1）出示《识字秘籍》，复习上册学习的识字方法。

（2）复习上册学过的看图识字。

2. 看图识字。

（1）看图识字"春风、春风吹"。

① 学生看图，说说自己看到了什么？

【设计意图：练习观察图片说完整话。】

预设1：我看到红红的花和绿绿的草。

预设2：我看到柳枝弯弯的……

② 教师点拨：我们看到"红红的花、绿绿的草、蓝蓝的天"，知道这是春天的景物，又看到"飘动的柳枝"，知道这是春风。

引导总结"春风"。（板书：春风）

【设计意图：初步感受本课看图识字与上册看图识字的区别。】

③ 想象春风吹在脸上的感觉，看视频，引导学习"春风吹"。

【设计意图：直观感受春天的美好，激发学习兴趣。】

④ 学习认读字"吹"。

（2）看图识字"夏雨、夏雨落"。

① 学生看图，说说自己看到了什么？

预设：我看到了盛开的荷花、圆圆的荷叶和雨滴。

② 我们看到"盛开的荷花、圆圆的荷叶、大大的雨滴"，知道这幅图画的是夏天的雨……

引导总结"夏雨"。（板书：夏雨）

【设计意图：帮助学生把图中景物建立联系。】

③ 区别"下雨、夏雨"。

小结：雨是从天上落下的，是一个动作。夏雨是指夏天的雨。

④ 夏天的雨是怎样落下来的呢？（视频：《听雨声》）

学习认读"落"，对比读"春风吹、夏雨落"。

（3）看图识字"秋霜、秋霜降"。

① 学生看图，说说自己知道了什么？想想自己看到了什么？

预设1：我知道这幅图画的是秋天。

预设2：我知道这幅图画的是秋霜。

② 你从哪看出这幅图画的是秋天的？引导说出"叶子红了是秋天，叶子上白白的霜是秋霜"。（板书：秋霜）

播放录音，理解"秋霜"。

③ 介绍"霜降"，出示"秋霜降"。

④ 学习认读字"降"，新偏旁"双耳旁"。

（4）看图识字"冬雪、冬雪飘"。

① 学生看图，这幅图画的是什么？（板书：冬雪）。

② 你从哪看出这幅图画的是冬雪？

③ 学习"飘"。

【设计意图：引导学生把图上内容建立联系，看懂图片内容。理解本学期看图识字与上册看图识字的区别。】

把你的小手当作雪，老师吹风。让学生体会风吹向哪，雪就飘向哪。

认读"飘"，读"冬雪飘"。

【设计意图：帮助学生理解"飘"。】

对比读：秋霜降、冬雪飘。

3. 写字。

（1）学习汉字"雪"。

① 去年北京下了好几场雪，下雪时你最喜欢做什么？

【设计意图：结合生活，拓展词语。】

指导记字方法、书写汉字。

② 认识带有"雨字头"的字。

【设计意图：了解"雨字头"的意义，拓展识字。】

（2）出示"春、冬"。

（3）了解字义，组词。

"春"，草木的种子生根发芽，现在以"春"作为一年四季的第一个季节名。"冬"，四时尽也，表示一年四季最后一个季节。

（4）观察两个字的结构特点，说说记字方法。

（5）指导书写"春、冬"。

（6）展示评价。

4. 回归整体。

（1）你还记得春风、夏雨、秋霜、冬雪是怎样来到我们身边的吗？给字找朋友游戏。（吹、落、降、飘）

（2）变化方式读（师生对读、生生对读）。

（3）指名读全文。

（4）对照图片，试背课文。

5. 总结。

今天学习的看图识字比上册升级在哪了？这节课我们把图片中的景物通过联系、发挥想象来进行看图识字。以后我们会学习更多的识字方法，认识更多汉字。

课时评析

1. 采用多种直观手段，使学生享受识字乐趣。

低年级儿童年龄小，具体形象思维占主导地位。因此，在学习中应该要借助图像、声音、色彩、表演等直观手段帮助学生感知理解记忆。在本课教学中，教师首先出示精美的春风图、夏雨图、秋霜图和冬雪图，为学生感知、理解图下词语提供了表象。另外，为了让学生准确理解几个动词，教师播放了春风吹来大自然变化的视频，播放了大雨噼啪降落的音频，引导学生用动作表演雪花随风飘舞的情景。在指导学生书写生字时，教师用不同色彩遮住生字部件，让学生直观感知生字每部分的结构特点。由于多种直观手段的运用，学生在整个识字过程中感受着美丽的图画、动听的声音、丰富的色彩，享受着识字的乐趣。

2. 问题引领，建立联系，学会看图理解词语。

本课是"看图识字"课，使学生建立图和词语中的联系是本课难点。因此教学中，教师精心设计问题，努力架起图和词语之间的桥梁。比如"春风"一词，教师设计了两个问题：1.我看到了什么，知道图上画的是什么季节吗？2.这幅图画的是春天的什么,你从哪儿看出来的?学生在问题的引领下,在观察中概括出了词语,又在问题的引领下,去验证词语表达的内容。在这一来一回中,学生建立了图和词语的联系,学会了看图理解词语的方法。

(二)第3课时:《姓氏歌》——识字引领课

教学目标

1. 通过儿歌诵读,认识本课12个生字和"弓字旁""走字旁""金字旁"3个新偏旁,会写"姓、什、么"等3个生字。

2. 正确朗读课文,背诵课文。

3. 能运用合适的方法向他人介绍自己的姓氏,学生对中国姓氏文化产生兴趣。

教学重点

识记12个生字,认识3个新偏旁,会写3个生字,正确朗读、背诵课文。

教学难点

正确规范书写"姓、什、么"3个生字,对中国姓氏文化产生兴趣。

教学过程

1. 揭示课题。

(1)做猜姓氏的游戏。

① 请你猜猜××同学的爸爸姓什么?怎么猜到的?

【设计意图:了解我们的姓氏一般和爸爸是一样的。】

② 再猜猜他爸爸的爸爸也就是他的爷爷的姓什么?

③ 他爷爷的爸爸又姓什么?

【设计意图:了解我们的姓氏是一辈一辈传下来的,和祖先的姓氏一样,激发学生探究祖先姓氏的兴趣。】

(2)我们祖先的姓氏是怎么来的呢?请听刘博士的介绍。(出示音频《姓氏起源》)

【设计意图:了解姓氏的起源,我们祖先的姓氏一部分来自古老的八大姓,

一部分来自后起的氏。认识"周、官"两个生字。】

边板书课题"姓氏歌",边总结姓氏起源。

2. 初读课文。

小声读儿歌,注意读准所有姓氏的读音。

3. 逐节讲读。

(1)讲读第一节。

儿歌介绍了哪些姓氏?边读第一节,边圈出来。(订正、改错)

"李"姓:

① 儿歌用问答的方式介绍了李姓,儿歌是用什么方法让我们记住李字的?(小声读,集体交流。)

【设计意图:了解儿歌是用分解部件的方法介绍李姓的。】

预设:学生不会从课文的问题联想到识字方法。

教师用课件演示,指着"李"字作拆分动作的演示。

② 介绍李姓。

李姓可是我们国家第一大姓,全国姓李的就有将近一亿人,历史上有60多个姓李的人都当过皇上或者大王。

③ 语言渲染,指导朗读。

这真是一个让人自豪的姓氏呀!你介绍李姓的时候要充满自豪。(师问生答,男女生互问互答。)

【设计意图:了解李姓,激发对李姓的喜爱、崇拜之情,引导学生带着自豪感读儿歌并在诵读中认识生字"李"。】

"张"姓:

① 儿歌又用什么方法介绍的张姓呢?(自己读,集体交流。)

② 出示课件,介绍张姓。

张姓也是一个大姓,张姓的祖先是个发明家,他最早发明了弓箭,他被封为专门管理弓箭的官员。"张"字里的"弓字旁"就记录了张姓祖先的功劳。看看"弓字旁"多像那张弓啊。

书空"弓字旁"。

【设计意图：了解张姓祖先的功劳，认识"弓字旁"。】

③ 语言渲染，指导朗读。

弓、长，张也是一个令人骄傲的姓氏，替别人介绍张姓的时候也要充满骄傲与自豪。师问生答，男女生对问，对答。

【设计意图：激发自豪感并在诵读中认识"张"。】

"胡吴徐许"姓：

① 儿歌又用拆部件的方法给我们介绍了三个姓氏，哪三个？（自己读，集体交流。）

（师点拨"徐"姓是用强调偏旁的方法介绍的。）

② "胡、吴"读音相近，"徐、许"读音相近，谁能读准这两行儿歌？

③ 跟老师对读儿歌。（两种形式）

【设计意图：在诵读中认识"胡、吴、徐、许"。】

让我们带着自豪，带着骄傲，把第一节的姓氏介绍给大家。（齐读。）

【设计意图：在诵读中认识第一节介绍的姓氏。】

（2）组织学生开展介绍姓氏的活动。

① 如果你的姓氏不能用拆部件的方法介绍，怎么办呢？

A. 请方米可同学对着照片介绍自己的姓氏。说说她是用什么方法介绍自己的姓氏？

【设计意图：启发学生用组词的方法介绍姓氏。】

B. 谁能替宋睿涵同学用强调偏旁的方法介绍宋姓。（指名介绍。）

【设计意图：巩固介绍他人姓氏的方法。】

② 同桌选择不同的方法介绍自己的姓氏。

③ 找两个同学到前边介绍。

【设计意图：在实践中习得、巩固介绍姓氏的方法。】

过渡：我们班50个同学，就有17个不同的姓氏。全国有14亿人，得有多少姓氏呀？（很多很多）

（3）讲读第二节。

读第二节介绍的姓氏，看看你能发现什么？（交流：有的姓氏一个字，有的姓氏两个字。）

单姓：

① 一个字的姓氏叫单姓。读读这几个单姓。

② 出示课件，介绍"赵"姓：赵姓在单姓里也是一个了不起的姓氏。赵姓祖先曾经驾着马车一天一夜走了一千多里，救了当时的王，大王把他封在赵地。从此，他的后代子孙就姓赵了。赵字里的"走字旁"就记录了祖先的高超驾驶技术。

【设计意图：了解赵姓起源，引出"走字旁"。】

③ 讲解"走字旁"的每个部件的意思。（书空"走字旁"）

④ 介绍钱姓：钱姓也特别有意思，你们猜猜钱姓祖先是管理什么的官员？

⑤ 出示课件，讲解"金字旁"

古时候的钱币是金属造的，所以钱是"金字旁"，"金字旁"又是由"金"字变化而来的。（书空"金字旁"）

【设计意图：在对比中记忆"金字旁"。】

⑥ 指导朗读

不论是赵钱孙李，还是周吴郑王，每个姓氏都记录着我们祖先的荣光，让我们大声读出来。（齐读）

【设计意图：渗透姓氏文化，激发对姓氏的自豪感。】

复姓：

① 我们国家除了单姓，还有两个字的姓氏。（自己读）

② 我们国家还有三个字、四个字、五个字的姓氏，最长的姓氏有17个字，我们把两个字以上的姓氏叫复姓。（指名读）

【设计意图：了解复姓及姓氏的多样性。】

③ 除了这些姓氏，我们国家还有其他姓氏吗？哪个标点符号表示出的？（我们国家正在使用的姓氏就有6000多个，在这里不一一介绍了。）

④（语言渲染，指导朗读第二节）让我们带着骄傲，带着自豪，把单姓、复姓连起来读给大家听。（齐读四，回顾全文，认读生字）

A. 试着背一背整首儿歌，出示背诵提示。（小声背）

B. 我们齐背，背出我们的气势，背出祖先的光荣。（齐背）

C. 儿歌中的姓氏都认识了吗？出示认读字。（抢读生字五、学习生字）

⑤ 这节课我们还要学习3个生字，哪3个呢，拿出信封里的生字部件，拼一拼，看看你用什么和什么拼成了哪个字？（拼生字，并说一说）

⑥ 下面我们就用识字秘籍里的好方法记住这3个字。

姓

① 你用什么方法记住"姓"？（演示过程：拆部件，熟字加偏旁）

【设计意图：运用学过的识字方法，记忆字形，进一步提高识字能力。】

② 你能用"姓"字组词语吗？（组词）

师解释：姓氏指的是你的姓，姓名指的是你的名字。

【设计意图：积累词语，明确"姓氏"一词的意思。】

什

出示"古、叶"，引导学生用熟字加偏旁的方法记忆生字。（演示过程，交流方法）

么

① "么"是独体字，你用什么方法记住"么"？（课件演示过程，交流方法）

② "么"在生活中没有实际的意思，但它在词语中当小尾巴的时候，能表达肯定的语气或者疑问的语气，你能组几个词语吗？（交流词语，出示词语。分别读表示肯定的词语，表示疑问的词语。）

③ 指导书写

A. 记得这么清楚，我们怎么写好这几个字？（生逐个交流）

【设计意图：引导学生观察汉字笔画在田字格中的位置及汉字结构特点，提高观察能力、空间感知能力，进而提高书写能力。】

B. 师边范写生字边讲解书写要点。（生描一个写一个）

C. 同学们写得这么好，你给几颗星？（生评议）

4. 总结。

今天这节课我们了解了姓氏的起源，背诵了儿歌，认识了3个偏旁，10多个生字，还会写了3个字，更重要的是我们巩固了识字秘籍里的方法，进一步提高了识字能力，我们的收获很大，为所有同学点赞。

课时评析

1. 巧妙设计，突破难点，完成了传承姓氏文化的任务。

本课难点是激发学生对中国姓氏文化的兴趣。上课伊始，教师带学生做猜姓氏的游戏，使学生对祖先姓氏起源产生探究心理，接着让"刘博士"揭开姓氏起源之谜。在学习儿歌的过程中，教师又结合指导朗读，结合偏旁讲解，突出介绍了李姓中皇上、大王最多；张姓祖先是发明家，最早发明了弓箭；赵姓祖先因救大王而得姓氏……学生了解到每个姓氏都记录着祖先的荣光，从而使学生产生了对祖先的崇拜、敬仰之情，产生了探索自己祖先姓氏由来的激情。

2. 介绍姓氏与字形相结合，提高了课堂实效性。

《姓氏歌》一课通过诵读韵文来识字。在教学第一节时，教师首先引导学生发现儿歌的姓氏是用分解部件的方法介绍的，然后通过师生问答、生生问答的方式介绍姓氏。在反复诵读中，实现了认识生字的目的。儿歌中没有用分解部件的方法介绍的姓氏，教师结合姓氏起源，通过"刘博士"的演示与讲解，让学生记住了土地广大，人口众多，有土、有口的字念周朝的"周"；记住了房子多到门口连着门口的是"上官"的"官"。教师又通过介绍祖先的功劳，引出偏旁，让学生记住了带"弓字旁"的字是"张"姓，带"走字旁"的是"赵"姓，带"金字旁"的是"钱"姓……介绍姓氏与字形相结合，也就把音、形、义密切联系在一起，使学生轻而易举地认识了12个认读字，提高了课堂的实效性。

3. 改变传统学习方式，让学生动起来。

课堂上，教师一改师问生答的传统学习方式，尽最大努力让学生活动起来。本课教师设计了猜姓氏的活动，激发学生猜猜猜的兴趣；设计了师生对儿歌的活动，师生互动，儿歌读得既有节奏感，又有动感；设计了介绍姓氏的活动，学生能自主选择合适的方法介绍自己的姓氏；设计了拼字活动，在动手拼拼拼的过程中，初步记忆了字形。每个活动，调动学生多种感官参与学习，大大提高了学习效率。

4. 运用多种方法识字，提高了识字能力。

在学习3个生字的过程中，教师引导学生用拆部件、熟字加偏旁、熟字换偏旁、拆笔画的方法记忆生字，并用课件把加、换、拆的过程演示出来，不仅能使学生准确地记住生字，而且巩固了识字方法，提高了识字能力。

（三）第5课时：《小青蛙》——识字引领课

教学目标

1. 通过儿歌诵读，认识"清、晴"等12个生字，会写"青、清"2个生字。

2. 了解"青"字族汉字的特点，体会形声字的构字规律。

3. 正确朗读儿歌。喜欢小青蛙，有自觉保护青蛙的意识。

教学重难点

了解"青"字族汉字的特点，了解形声字的构字规律。

教学过程

1. 谜语导入，引出主题。

（1）教师出示谜语，学生猜谜，出示"小青蛙"视频揭示谜底。

（2）学生围绕"小青蛙"谈谈自己的了解。

预设：小青蛙是绿色的；小青蛙会吃害虫；小青蛙小的时候是小蝌蚪……

（3）齐读课题——小青蛙。

【设计意图：以谜语的方式进行导入，活泼有趣，通过小视频的方式呈现谜底，生动直观，激发了学生的学习兴趣。围绕小青蛙，谈谈自己的了解，引导学生结合生活经验，将知识与生活进行联系，课堂生动活泼。】

（4）讲解生字"青"。

解释"青"代表的三种颜色：黑色、绿色、蓝色。（学生组词，教师出示词语，齐读。）

预设：青草、青山、青色、青蛙。

学生书空笔顺，说识字方法：拆部件。拼读，青是合体字，"青"是上下结构，我用拆部件的方法记住"青"，"青"的上面是"横横竖横"，下面是"直月"，合起来就念"qīng"。学生用自己的方式记住"青"。

学生观察青的结构和关键笔画，用规范的语言进行描述、分析。教师范写，学生描红仿写。

【设计意图：用"青"字复习了拆部件的识字方法，复习了拆部件这种识字方法的语言结构，为学习形声字识字进行铺垫。让学生自己观察生字，规范表达，锻炼了学生的观察能力和语言表达能力。】

2. 读准字音，区分形声字。

（1）关注字音，自读小儿歌。

（2）初步理解5个形声字，进行区分。

清：

① 观察图片：你看到了什么？

预设：小青蛙、荷叶、荷花、河水、太阳等。

② 出示"河水清清天气晴"，指名读，齐读。

③ 出示清清河水的图片，解释"河水清清"的意思：像这样透明的，一眼就能看到水底小鱼的，就叫河水清清。解释说明"清"的三点水表示清和水有关。

④ 学生组词，教师进行解释补充。

预设：清水、清澈、清晨等。

晴：

① 出示图片，解释"天气晴"：大大的太阳在空中，阳光明媚，这就叫作天气晴。

② 解释说明"晴"的"日字旁"表示晴和太阳有关。

③ 学生组词，教师进行解释补充。

预设：晴天、晴朗等。

④ 教师解释雨过天晴的意思：雨停了，大大的太阳出来了，天气就晴了。这

就叫作雨过天晴。

晴：

① 出示图片，观察小青蛙的样子。

预设：颜色是绿色的、个子小小的、眼睛大大的等。

② 解释说明"睛"的"目字旁"表示睛和眼睛有关。

③ 学生组词，教师进行解释补充。

预设：眼睛等。

④ 教师解释目不转睛的意思：眼睛一动不动，形容特别专注认真。

情：

① 播放小青蛙吃害虫的视频：小青蛙的本领可大了，它在做什么？

预设：小青蛙在吃害虫等。

② 学生描述小青蛙如何吃害虫。

预设：小青蛙伸出长长的舌头，把害虫卷进嘴里，吃掉了害虫。小青蛙用实际行动让禾苗健康成长，这就叫作"保护"。

③ 出示"保护禾苗吃害虫，做了不少好事情"，指名读、齐读。

④ 教师补充：一只小青蛙一天能吃一百多只害虫呢，本领大不大呀？怎样把这么大的本领读出来呢？指导朗读，重读"不少"。指名读，齐读。

⑤ 解释说明"情"的"竖心旁"表示情和心情有关。

⑥ 学生组词，教师进行解释补充。

预设：心情、感情、友情等。

请：

① 出示"请你爱护小青蛙，好让禾苗不生病"，提问：小青蛙的本领这么大，我们应该怎样对待小青蛙？如何做到"爱护"？

预设：不捉小青蛙；不吃小青蛙；不往河里扔垃圾。

② 指名读、齐读。

③ 解释说明"请"的"言字旁"表示请和说话有关。

④ 学生组词，教师进行解释补充。

预设：请讲、邀请、请客等。

3. 重点区分，加强理解。

（1）出示小儿歌，自读、齐读。

（2）观察"清、晴、睛、情、请"，交流你的发现。

预设：都有"青"。

（3）教师指出这就叫"青"字大家族。引导学生观察"青"的拼音和下面5个字的拼音，再说说你的发现。

预设：韵母都是ing。

（4）教师总结，"青"能表示这些字的读音。"青"能表示"清"的读音，"青"能表示"晴"的读音，"青"能表示"睛"的读音，"青"能表示"情"的读音，"青"能表示"请"的读音。

（5）教师总结，再次强调偏旁和字义的关系，"青"字读音和5个字读音的关系。

（6）教师以"清、晴"为例，讲解形声字的基础概念。介绍新识字方法——分析形声字的方法——拼读，"清"是合体字，"清"是左右结构。我用分析形声字的方法记住"清"。"三点水"表示和水有关，"青"表示读音，合起来就念"清"。

（7）教师给出支架，同桌相互交流"睛、情、请"，用分析形声字的方法说一说。

（8）教师引导学生抢读5个形声字。

（9）小游戏：学生拿出卡片，教师说生字，学生用5个不同偏旁和"青"字拼出生字，再次巩固生字。

【设计意图：将形声字识字分成4个主要环节：偏旁表义；声旁表音；纳入原有知识结构；活动中巩固。环环紧扣，让学生逐步理解形声字的构成规律。】

4. 扫清障碍，认读生字。

（1）讲解"害"：出示害虫吃玉米的图片，教师进行解释，再出示生活中常见害虫苍蝇、蚊子的图片，学生理解记忆"害"字。

（2）出示"让、病、护"，再次复现形声字的概念。

（3）小游戏：青蛙过河。去拼音齐读生字。

（4）去拼音读词语，开火车读、齐读。

【设计意图：用图片的形式帮助学生理解生字，联系生活实际学习"害"字。以游戏的方式巩固生字、词语，调动学生的积极性。】

5. 学写生字"清"。

出示"清"，学生书空笔顺，组词，教师出示词语，齐读。学生分析结构特点、关键笔画。

预设："清"是左窄右宽，左短右长的字。"直月"的竖在竖中线上，"横折钩"从横中线起笔。教师范写，学生描红仿写，学生评字。

【设计意图：锻炼学生细心观察的习惯，用规范的语言表达训练学生的语言表达能力。】

6. 总结识字方法，加入识字秘籍。

（1）将分析形声字的方法加入识字秘籍。

（2）作业：与伙伴交流分析形声字的方法。

课时评析

1. 运用直观教学手段，激发学生的学习兴趣。

根据皮亚杰的认知发展理论，一年级学生的认知水平处于具体运算阶段。他们的认知离不开具体的、直观的事物的支撑。他们特别喜欢选择生动、形象、富有情趣的内容和形式进行学习。根据学生的认知水平和年龄特点，在本节课中，教师设计了两段生动有趣的小视频。导入环节中，谜底的揭示采取了播放小青蛙视频的方式。一只活泼可爱的小青蛙在荷叶上跳来跳去，发出呱呱呱的叫声。这样生动、有趣的视频快速吸引了学生的注意力，激发了学生的学习兴趣。在讲解"保护禾苗吃害虫，做了不少好事情"一句时，教师出示了小青蛙吃害虫的视频，引导学生仔细观察小青蛙的行为。视频直观地呈现出小青蛙是怎样吃害虫的，学生对此表现出了浓厚的兴趣。所以学生能够仔细观察小青蛙的动作，并能描述出"小青蛙伸出长长的舌头，把害虫卷进嘴里，吃掉了害虫"。这样的设计抓住了学生的兴趣点，将知识以直观、生动的方式呈现，利于学生对知识的接受与内化。

2. 环环紧扣，学习识字方法。

在本节课中，形声字识字是重点也是难点，因此，教师将这部分内容分成了4个主要环节进行教学。首先，教师出示了不同的图片。如"清清的河水、晴朗的天气、小青蛙长着大大的眼睛"等图片，让学生联系图片，观察生字的偏旁，说出偏旁表示的意思，生动直观地了解形声字偏旁表义的特点。接着，教师呈现出"青"和"青"字族的5个生字，引导学生观察音节的组成。通过观察，学生可以发现这些字的韵母都是ing。教师引导学生认识到"青"能表示"清、晴、睛、情、请"的读音，从而了解形声字声旁表音的构字规律。之后，以"清"为例，教师呈现出新的识字方法——形声字识字。学生已经学习过数笔画、拆部件识字方法的表达方式，有了一定的基础，这一环节将形声字识字纳入原有识字方法的语言结构，利于学生的理解和形成规范、统一的表达。本环节将前2个环节（偏旁表义，声旁表音）进行了整合。学生能够在老师的引导下分析"清"字。教师采取了支架式教学的方式，让学生用形声字识字的方法分析"晴"。有了这2个字细致的分析，学生与同桌用新的识字方法相互交流、分析"睛、情、请"3个字。这样循序渐进的方式体现出了"教—扶—放"的教学方法。最后，为了帮助学生巩固这5个形声字，教师设计了两个活动，学生抢读5个形声字，教师用这样小竞赛的方式激发学生的学习兴趣，并对学生的掌握情况有了初步的了解。教师还设计了拼字小游戏，将5个不同偏旁与"青"字组合。教师发出指令，学生快速反应。"请你拼出清水的'清'；晴天的'晴'；眼睛的'睛'；心情的'情'；请问的'请'"，教师将同音字放在一起进行提问，加深了学生的印象，利于区分，再次对5个形声字进行了巩固。

（四）第7课时：《猜字谜》——识字引领课

教学目标

1. 借助字谜认识"相、遇"等5个生字和1个新偏旁"又字旁"；会写"字、红、时"3个字，做到规范、端正、整洁。

2. 能根据谜面和汉字特点猜出"秋"字。

3. 朗读第一则字谜。

教学重点

1. 认识5个生字和1个新偏旁，会写3个字。

2. 朗读第一则字谜。

教学难点

书写"字、红、时"3个字，做到规范、端正、整洁。

1. 猜谜引入，了解"字谜"，引发学习兴趣。

（1）猜简单谜语：同学们，你们喜欢猜谜语吗？出示第一个谜语（太阳）。像这个谜语一样，在谜语中，让我们猜的部分叫谜面，猜出的答案叫谜底。

（2）了解字谜，揭示课题。

出示第二个谜语（回）。像这种谜底是一个字的谜语，我们称为"字谜"。字谜是一种文字游戏，它的编写利用了汉字音形义的特点，猜字谜不仅有意思，而且还能认识很多的汉字呢！这节课我们就一起来学习第4课。（齐读课题）

（3）指导书写生字"字"：字谜的"字"，你会写吗？

① 教师讲解："字"是上下结构。书写时要注意，"宝盖头"的宽度要适中。"子"字要藏在"宝盖头"里，"一横"要和"宝盖头"同宽。

② 教师范写"字"。学生书空并在书上练写。

③ 教师提问：我们可以组什么词呢？

【设计意图：通过学生猜谜语，学生了解字谜的谜底是字的特点，同时激发学生对字谜的探究欲望，也为本课的学习奠定了探究的基础。】

2. 初读课文，整体感知，学习认读字。

（1）同学们，想要猜出谜底，得先把谜面读好才行。赶快打开书，自己读读第一则谜语，不认识的字借助拼音读准确。

（2）（学习认读字）这些认读字你都认识了吗？自己赶快读读。

（3）生字认识了，这些词语你能读对吗？

（4）识记"喜、欢"：请跟老师读——喜欢。

识记"喜":

① 生活中,你在哪见过"喜"这个字?

师补充:同学们,你们看,这是书法作品《喜》,这是剪纸上的"喜",这是喜字贴。生活中的"喜"字代表了一种美好的心情,一份美好的祝愿。

② 教师引导:"喜"是个会意字,由两部分组成,上面是鼓的形状,下面是口,表示人因听到鼓声而高兴,本意是欢喜快乐。这是甲骨文、金文、小篆中的喜字。你能用喜组个词语吗?

识记"欢":

① "欢"的偏旁是"又字旁","又字旁"大多与手有关。你还知道哪些带有"又字旁"的字吗?

预设:双、对。

② 男生女生读"喜欢"。

说一说在生活中,你都喜欢什么?

识记"怕":

① 教师提问:在生活中,你都怕什么?

预设:我怕天黑、害怕虫子、害怕打针……

② 教师引导:有的同学怕虫子,有的同学怕疼。由此可见,"怕"与心情有关,所以"怕"的偏旁是"竖心旁",右边是个白,"怕"是个形声字。

③ 同桌齐读"怕"。

【设计意图:引导学生自主学习,在交流的过程中,充分发挥学生的想象,通过对多种识记生字的方式的肯定,激发学生自主识字的兴趣,从而达到对字形字义的整体识记。】

3. 根据汉字特点猜字谜,随文识记认读字。

(1)词语都读会了,把它们送回字谜中,你还能读准吗?(自读)谁想读?

(2)提问:想一想,这个字谜的谜底是什么结构的字?

预设:这个字是左右结构。

(3)教师提问:你是根据谜面的哪句话知道的?

预设:"左边绿,右边红,左右相遇起凉风。"

(4)教师讲解:对,根据这句话我们可以知道这个字分为左右两个部分,而由两个或两个以上的单个字组成的汉字就是合体字。所以我们可以知道,这个字是个左右结构的合体字。

(5)再读读这句话,想一想你还知道了什么?

(6)老师也关注了一个词语:相遇,读一读,相遇是什么意思呢?谁想当小演员,跟老师一起表演?

① 借助情境表演:请一个学生在教室里走,走着走着,和老师相遇。

② 教师讲解:相遇是指在一个地方,两个或几个人相互同时看见对方。

③ 教师提问:明白了"相遇"的意思,现在请你说一说你在什么地方,和谁相遇过?再读读这个词语,再读读这句话。

(7)到底谁和谁相遇起凉风呢?接着往下读完吧。(自己读。)那绿的什么东西喜欢及时雨呢?红的什么东西最怕水来攻呢?(指名回答。)

预设:树木、禾苗、小草等。(火)

(8)自己读读这句话,把你们刚才的发现读出来吧!(男女生读。)

(9)这个字到底是什么呢?再来读读这则字谜。

(10)教师提问:你猜出是什么字了吗?把你的谜底告诉同桌并说说理由。(同桌讨论。)

(11)教师引导:从"绿"和"喜欢及时雨"看出是植物,表示植物的偏旁有"木字旁"、"草字头"和"禾字旁"。根据"红"和"最怕水来攻"猜出右边是"火"。"禾字旁"和"火"可以组成"秋"。秋天的时候会起凉风。所以谜底是"秋"。

(12)师小结:左边绿,右边红,左右相遇起凉风。有个词语叫"秋风瑟瑟",秋天总是会刮点凉风的。刚才我们通过谜面先猜出了秋字的结构,又根据左右两边的颜色和特点猜出了"秋"这个字。看来,要想猜中谜底,得仔细阅读、认真思考才可以呢!多么有趣的字谜,让我们一起再读一读,感受它蕴含的智慧和趣味吧!

【设计意图：课标倡导新的学习方式，让学生在接受学习之外，学会自主探究、合作学习，培养学生主动积极的参与精神和合作精神，这样边找线索边探索，使得学生的认知不断得到完善与升华。】

4.学习生字，练习书写"红、时"。

（1）自读生字，自主识字。

① 读准字音。

② 记住字形。想想左右结构的字可以用什么好办法来记住。

（2）汇报交流，积累词语。

① 交流记字方法。

预设："红"是"绞丝旁"加上工人的"工"，"时"可以用"日"加"寸"。

② 词语拓展积累。

这几个生字能组成很多词语，谁来说说？

（3）引导观察，规范书写。

① 观字形，看结构，说要点。左右结构的字，要观察左右两边的宽窄、高低和长短。

② 看笔画，找位置。仔细观察笔画和位置，想一想书写时要注意什么？

预设："红"字的第一笔"撇折"的折稍平，第二笔"折"要斜，给下面的"提"让地儿。书写时这三个笔画要写得紧凑，"工"字要写得平稳。"时"，要注意写得左小右大，两个部件都要写得瘦长些。

（4）师范写，生练写。

① 笔顺演示。

② 学生练习书写。

请同学们打开语文书第9页，找到田字格中这两个字，描一遍写两遍。注意书写的姿势，做到"三个一"，调整好坐姿开始写。

结合书写，反馈修改。找优点，说缺点。

【设计意图：学生自己书写，加上教师适时的鼓励，让书写变得有趣，学习更有动力。当然，对于有难度的字，应该具体指导，带学生一起书空练写。用

"猜字谜"的方法复现。】

（本课生字，不仅能增加趣味性，同时能再次强化学生对字形的记忆。）

5.复习巩固，梳理识字方法。

（1）同学们写得真棒，我们再来猜一个字谜吧。（"双m＆不成林"。预设：相。）

（2）总结：看，通过猜字谜的方法我们又记住了本课的一个生字"相"。看来"猜字谜"真是一个识字的好方法呀！同学们，通过这一单元的学习，我们不仅巩固了咱们《识字秘籍》中的数笔画、加一加、减一减、换一换、拆部件、看图识字等识字方法，又学习了形声字识字和字谜识字两种新的识字方法，希望同学们把这本《识字秘籍》牢记心中，在以后的学习生活中，认识更多的汉字。

【设计意图：用"猜字谜"的方法复现本课生字，不仅能增加趣味性，同时能再次强化学生对字形的记忆，同时带领学生梳理学过的识字方法。】

课时评析

1.层层递进，训练思维。

教学中，教师通过分析课题猜字谜，使学生明确字谜的谜底就是汉字。通过读左边绿、右边红，学生分析出这个汉字是左右结构。然后再读左边绿右边红，分析出左边和绿色有关，右边和红色有关。再通过读左边喜欢及时雨，右边最怕水来攻，判断出左边是绿色的植物，相关偏旁是"禾木旁"、"木字旁"和"草字头"，右边既是红色又怕水的就是火。最后让学生筛选出"禾木旁"和"火"。随着汉字特点的展现，学生一点一点拨开迷雾，直到豁然开朗。在这一过程中，学生不仅记住了汉字，分析推理判断的思维能力也得到了训练和提高。

2.首尾呼应，凸显猜字谜的识字方法。

开始上课时，教师出示字谜，让学生清楚地了解字谜的特点，即谜底是汉字。学习完本课字谜后，教师出示字谜"双m＆不成林"（相），巧妙复现本课认读字"相"，及时帮助学生总结提升，告诉学生"字谜识字"是本课学习的一种新的识字方法，鼓励学生用猜字谜的方法去识字。

单元教学设计总体评析

1. 以绘制"识字秘籍"任务驱动，激发学生的识字兴趣。

一年级学生对周围的世界、对所有的事情都充满了好奇心，绘制"识字秘籍"的活动充分满足了学生探究的欲望，激发了学生自主探寻识字方法的兴趣。这个活动贯穿了教学活动始终，达成了"让学生喜欢学习汉字，有主动识字、写字的愿望"的目标。

2. 创设丰富多彩的情境，调动学生多种感官参与学习，提高识字效率。

《小青蛙》一课以字族文识字（即形声字构字规律识字）为主，先出示"清清的河水、晴朗的天气、小青蛙长着大大的眼睛"等图片，观察生字的偏旁，再呈现"青"和"青"字族的5个生字，观察音节的组成，让学生生动直观地了解形声字"形旁表义、声旁表音"的构字规律。然后，以"清"为例，在学生已经掌握的数笔画、拆部件识字方法的基础上，将形声字识字纳入原有识字方法的语言结构，使学生的理解形成规范、统一的表达。教师采取了支架式教学的方式，让学生用形声字识字的方法分析"晴"。在这个基础上，学生再去分析"睛、情、请"三个字，体现出了"教—扶—放"的教学方法。最后，通过抢读和拼字小游戏两个活动，再次区分和巩固了形声字识字的方法。

其他几节课的教学过程中设计了看一看（观察图片）、猜一猜（猜姓氏、猜字谜）、演一演（把你的小手当作雪，老师吹风，体会"飘"；和老师演一演什么是"相遇"）、说一说（形声字构字规律）、拼一拼（用部件拼生字）、读一读（师生对读儿歌）等师生互动环节。每个活动都充分调动学生多种感官参与学习，在互动、探究、点拨中掌握了新的识字方法，识字能力得到提升。

3. 巧妙设计，突破难点，传承汉字文化。

《姓氏歌》一课中，教师带学生做猜姓氏的游戏，让"刘博士"揭开姓氏起源之谜。结合指导朗读和偏旁讲解，突出介绍了李姓中皇上、大王最多；张姓祖先是发明家，最早发明了弓箭；赵姓祖先因救大王而得姓氏……学生了解到每个姓氏都记录着祖先的荣光，从而使学生产生了对祖先崇拜、敬仰之情，产生了探索自己祖先姓氏由来的兴趣。

《春夏秋冬》一课中，学生了解了"春"字代表草木的种子生根发芽，"冬"四时尽也，所以春季作为一年四季的开始，冬季表示一年四季的结束。

《猜字谜》教学过程中展示了书法作品、剪纸和喜字贴上的"喜"字，感受生活中的"喜"字带给人们的美好的心情和美好的祝愿。这些环节的设计，巧妙地突破了识字教学中的难点，把传承汉字文化的种子悄然埋进学生的心里。

第三节　阅读单元

统编版教材在单元编排上，除了拼音单元、识字单元外，大部分都属于阅读单元。细分的话，还可以分为习作单元、阅读策略单元和综合实践活动单元等。这些阅读单元围绕人文主题和语文要素，以非常清晰的价值定位，作为学材成为发展学生阅读能力的凭借。这就使得教师要认真分析单元内容，同时，还要进行横纵向联系的捕捉，以便更准确地理解教材。

关联阅读视野下的单元整体教学在于要从整体的角度看出各个板块之间的联系，使其成为一个整体，增强其目标的达成性，落实编者的编写意图。

例如语文五年级下册第五单元是习作单元，芙蓉小学教师在进行单元内容分析时是这样理解的。

一、左右环顾，横向看关联

立足本单元教学内容，有《人物描写一组》《刷子李》两篇精读课文，《我的朋友容容》《小守门员和他的观众们》两篇习作例文，以及单元习作"形形色色的人"，其间穿插安排了"交流平台""初试身手"模块。

本单元的人文主题是"字里行间众生相，大千世界你我他"。课文均在字里行间展现出人物的不同特点：小嘎子的机灵；祥子的高大健壮、充满活力；严监生的吝啬；刷子李高超的技艺；容容的天真可爱、忠于职守、充满好奇；小守门员的专注比赛、尽职尽责；观众们对比赛的沉醉……这就是生活中形形色色的人，一件件典型事例，一次次对人物语言、动作、外貌、神态、心理等的细致描写，表现了大千世界中芸芸众生的不同特点。

本单元是习作单元，以培养学生的习作能力为主要目标。本单元的语文要素是"学习描写人物的基本方法"，并提出了"初步运用描写人物的基本方法，具体地表现一个人的特点"的习作要求。分析本单元教材编排的课文、交流平台与初试身手、习作例文与习作，以及"紧紧围绕写人方法"设计的课后习题，均指向提升学生"具体地表现一个人的特点"的习作能力。

透过课后习题（要求）看联系

课题	课后习题（要求）	相关知识点
《人物描写一组》	结合具体语句，梳理、总结描写人物的基本方法，并体会其表达效果	通过语言、动作、外貌、神态、心理等多角度进行细致描写，才能具体表现人物的特点
《刷子李》	通过品读具体描写人物的语句，进一步了解描写人物的方法	通过描写他人的反应表现，从侧面表现主要人物特点
《我的朋友容容》《习作例文》	学习、借鉴例文选择的典型事例，以及对人物进行的细致描写	选择典型事例，对人物进行细致描写，表现人物特点
《小守门员和他的观众们》《习作》	习作要求：写一篇写人的记叙文，选取典型事例，具体地表现人物的特点	用描写人物的方法，选取典型事例具体地表现某个人的特点

对于本习作单元的学习，依据不同的文章运用不同描写人物的方法，循序渐进地使学生的认知更加丰盈、立体，从而得言、得意、得法。《人物描写一组》主要从语言、动作、外貌、神态、心理等多角度进行细致描写，具体表现人物的特点；《刷子李》通过描写他人的反应表现，从侧面表现主要人物特点；《我的朋友容容》则通过选择典型事例，对人物进行细致描写，表现人物特点。"典型事例＋具体方法"，协同一致地为本单元"具体地表现一个人的特点"的习作能力打基础，为本单元的习作"写人物"做铺垫。"品众生相　学描写法塑身边人"，学生

在三部曲中既品析了人物形象，又习得了写作的方法，可谓言意兼得。

二、纵观上下，竖向看递进

（一）品读视野持续拓宽

综观统编教材，三年级开始有描写人物类文章，到五年级已经涉及神话和童话人物、历史名人、战斗英雄、父母亲人等形形色色的人物形象。

在纵向对比中不难发现，与以往类别化的单元相区别，本教学单元汇聚了不同的市井人物，选取描写人物最有代表性、最能体现人物特点的部分，精炼而精彩。品读视野的拓宽，对"品读能力"也就有更高的要求，需要学生通过感受形形色色的人，去学习描写人物的基本方法，并且运用这些方法去塑造人物。

（二）描写方法不断丰富

1. 选择典型具体描写。

纵观统编教材，有4个单元的语文要素中明确提出写一个人物，我们将其写作目标对比如下表。

单元	语文要素中的习作要求
三年级下册第6单元	写一个身边的人，尝试写出他的特点
四年级下册第7单元	学习从多个方面写出人物特点
五年级上册第2单元	结合具体事例写出人物的特点
五年级下册第5单元	初步运用描写人物的基本方法，具体地表现一个人的特点

可以说，本单元的习作"形形色色的人"即要求"塑身边人"，而写人离不开叙事，那么"写什么人，写什么事"就成为我们达成这一目标首先要考虑的问题。在此，我们分别选取上表中4个单元的4篇课文，看看它们是怎么做的。

课文	《我不能失信》	《诺曼底号遇险记》	《将相和》	《两茎灯草》
人物	宋庆龄	哈尔威船长	蔺相如、廉颇	严监生
写什么事	宋庆龄履行诺言在家等朋友	哈尔威船长面对死亡威胁坚守岗位，最终献出生命	完璧归赵 渑池之会 负荆请罪	严监生临死仍惦记省灯油

因为生活经历和背景的不同，选文涉及不同类型的人物，在刻画这些不同人物的时候，不同国家、时代的作者都选择了最能体现人物特点的典型事例。如果说解决"写什么人"的问题需要我们结合生活经历和不同背景，那么确定"写什么事"的最佳方法就是"选择最能体现人物特点的典型事例"。本单元课文学习对学生掌握这一方法有很好的指导作用，尤其是《两茎灯草》以凝练的语言、简短的场景，突出地表现出了严监生之"吝啬"，非常值得我们借鉴学习。

2. 关注人物细节描写。

解决了"写什么"的问题，我们还要考虑"怎么写"。在写人叙事文章的学习中，中高年级呈现出不同的侧重点。

册别	知识能力要求	习作能力要求
三年级下册	了解故事主要内容，复述故事	注重故事的完整性
四年级上册	了解事情起因、经过、结果，关注主要人物和事件	初步关注人物描写
四年级下册	从人物语言、动作等描写中感受人物品质	通过语言、动作、神态等细节描写刻画人物
五年级上册	通过细节、场景体会人物情感	
五年级下册	通过动作、语言、神态描写，体会人物内心	

根据上表可以看出，中年级前期关注学生对事情的整体把握，而到了高年级则开始关注用细节描写刻画人物。本单元承接前面的学习内容，在语文要素中明

确提出"学习描写人物的基本方法",选文在具体表现人物特点的时候也各有侧重地运用相应细节描写。由此可知,通过言行心神貌等细节描写来表现人物是本单元教学中应该学习和掌握的基本方法之一。

3. 初步体会间接描写。

间接描写又称"侧面描写",是作者通过对周围人物或环境的描写来表现所要描写的对象。虽然我们对间接描写没有进行系统学习,但并不陌生。

文章	文字片段
《梅兰芳蓄须》	听说梅兰芳要卖房子,很多戏园子老板找上门来说:"梅先生,您何必卖房子,只要您把胡子一刮,一登台,还愁没钱花?"有的甚至说,只要签订演出合同,就预支20两黄金给梅兰芳
《慈母情深》	空间非常低矮,低矮得使人感到压抑。不足200平米的厂房,四壁潮湿颓败。七八十台破缝纫机一行行排列着,七八十个都不算年轻的女人忙碌在自己的缝纫机旁

本单元之前我们接触的间接描写大都是上表中的小片段,学生也仅停留在初步感知阶段。而本单元的《刷子李》通篇通过曹小三在观察师父刷墙时,从崇敬到质疑再到崇敬的心理变化,以第三人称的语气侧面反映出刷子李的高超技艺,其中还穿插着巧妙的细节描写,对于学生体会和学习间接描写,有很好的引导作用。

(三)习作能力螺旋上升

1. 习作要求体现年段特点。

依据小学生作文能力发展的特点,部编版教材从三年级开始每册书都设置了专门的习作单元,不同年级的习作单元分别提出写作训练要素,即最基本的写作方法,凸显每学期的习作教学重点。详细见下表。

册别	单元	写作训练要素
三年级上册	第5单元	仔细观察,把观察所得写下来(留心观察)
三年级上册	第5单元	发挥想象写故事,创造自己的想象世界(展开大胆的想象)

续表

册别	单元	写作训练要素
四年级上册	第5单元	写一件事，把事情写清楚（把一件事写清楚）
四年级下册	第5单元	学习按游览的顺序写景物（按一定的顺序写景物）
五年级上册	第5单元	收集材料，用恰当的说明方法把某一种食物介绍清楚（运用说明方法介绍一种食物）
五年级下册	第5单元	初步运用描写人物的基本方法，具体地表现一个人的特点（学习描写人物的方法）
六年级上册	第5单元	从不同方面或选取不同事例，表达中心意思（围绕中心意思写）
六年级下册	第3单元	选择合适的内容，写出真情实感（表达真情实感）

上表分布情况有以下三大特点：① 注重习作关键能力，即最基本的叙事、描写和说明能力，表情达意。② 注重体现年段特点，各有侧重，习作单元要求逐步发展、提升，突显出纵向螺旋式推进的特点。③ 强调读写有机联系。习作单元既保持传统"读写结合"的编写体例，又在实践理念、板块设计和训练结构方面有所突破和超越，即采用"精读课文、交流平台、初试身手、习作例文、习作"五位一体的板块设计，以一次完整的写作任务，作为单元教学的最终目标。

五年级下册描写人物的单元贯穿其中的核心要素是：学习描写人物的基本方法，初步运用描写人物的基本方法，具体地表现一个人的特点。本单元安排了《人物描写一组》《刷子李》两篇精读课文，通过描写人物的方法，感受作家笔下人物的丰富多彩、各具特色，并体会这些方法的表达效果，激发关注到现实生活中形形色色的人的愿望；交流平台，初试身手，总结写人方法，尝试用学过的方法描写一个同学，能列出表现家人特点的典型事例；《我的朋友容容》《小守门员和他的观众们》两篇习作例文，进一步感知写人的基本方法，学习选取典型事例；单元习作"形形色色的人"，能选取典型事例，初步运用描写人物的基本方法，具体地表现一个人的特点。这些内容紧密联系、协调一致地指向提升学生具体表现人物的特点的写作能力。

第四章 关联阅读视野下的单元整体解读及设计案例评析

2. 能力要求螺旋上升。

"写人"在教材中出现频率很高，是学生经常接触的一类写作题材。本单元的写作训练要素是：初步运用描写人物的基本方法，具体地表现一个人的特点。这和本单元的阅读训练要素密切相关。内容上，都是大千世界众生百态；写法上，学生从精读文章中学习描写人物的基本方法，然后运用这些方法尝试把一个人的特点写具体。

经过梳理，部编版教材中与本单元在纵向上有直接关联的表达训练要素如下图。

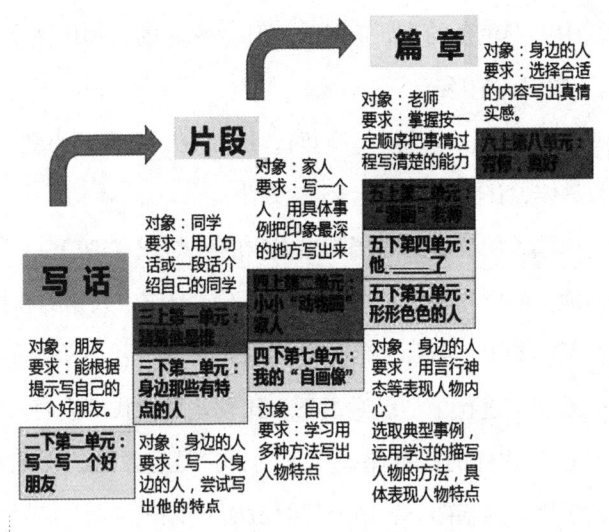

从上图我们可以看出，从二年级开始直到六年级，一直有写人的表达训练。虽然都是写人，但要求是不一样的。二年级进行"写话"的练习，三年级主要是"片段"的训练，然后才向"篇章"过渡。从篇章架构上，不同年级对"写人"的要求循序渐进。

从能力要求上，也是螺旋上升。同样是写一个人的特点，三年级下册仅要求"尝试"写出人物特点；四年级下册要求"学习用多种方法写出人物的特点"（动作、语言、不同方面、具体事例），不仅要写出人物特点，还需要用多种方法；五年级上册要求"结合具体事例写出人物的特点"；五年级下册要求"初步运用描写人物的基本方法，尝试把一个人的特点写具体"，其中描写人物的基本方法

- 097 -

就是之前学过的方法。可以说，本单元的表达训练是"写人"的综合练习，不仅要写出人物的特点，还要把人物的特点写"具体"。

通过梳理习作训练要素对应单元的习作题目，可以看出在写作对象上，"写人"的范围在不断扩大。从写身边熟悉的朋友、家人、自己，到写老师，再到本单元写"众生百态"，写作对象对学生而言越来越广，学生不仅要能写身边熟悉的人，还要能关注到社会上各行各业的人：公交车司机、交通警察、快递小哥、卖水果的小贩……写作对象的改变，对学生而言，是观察能力、感知能力的发展。

经过上面的分析，可以帮助我们更加科学、准确地细化本次习作的具体学习目标。

1. 关注生活中形形色色的人，有把自己印象深刻的人物用文字描写出来和大家分享的愿望。（知识、情感）。

2. 选用典型事例表现人物特点，同时，用外貌、语言、心理、动作等描写，把人物的特点写具体，让人物鲜活起来。（方法）。

3. 通过描写周围人的反应，间接写出人物的特点。（方法）。

4. 积极主动地和同学互相欣赏习作，感受不同习作中人物的独特。（习惯）。

从以上分析不难看出，教师在解读单元内容时，本着小学语文关联阅读建立教材系统联系的维度，进行了"纵观上下；比较差异；找准内容；横联左右；指向核心；确定目标"这样的研究路径。无疑，它是有效的，在准确理解单元内容，制定合理教学目标的基础上，单元课时做如下安排。

板块	课型及内容	课时	课时目标
单元预学 整体感知	整体预学课+精读初感课（扫清字词障碍+梳理典型事件）	第1课时	1. 认识18个生字，读准1个多音字，会写30个字，会写28个词语 2. 正确、流利朗读课文，初步了解课文内容 3. 了解本单元学习目标
品众生相 炼描写法	精读深悟课（《人物描写一组》+《刷子李》）	第2课时	1. 能够结合《摔跤》《他像一棵挺脱的树》中描写人物的语句，说出人物的特点 2. 了解可以通过描写人物的动作、外貌表现人物的特点，并能体会其表达效果
		第3课时	1. 结合课文描写人物的相关语句，感受严监生这一吝啬鬼形象 2. 学习选择典型事例表现人物特点的方法，并通过描写人物语言、动作等感受人物特点，能体会这些方法的表达效果
		第4课时	1. 通过梳理描写人物语言、动作、外貌等语句，感知"刷子李"的人物特点 2. 通过描写他人的反应，表现主要人物特点，体会其表达效果
习得方法 塑身边人	习作指导课+习作讲评课	第5课时	1. 结合例文和旁批，进一步感知写人的基本方法 2. 能选择典型事例，通过恰当的描写人物的方法，具体地表现人物的特点
		第6课时	能选择典型事例，通过恰当的描写人物的方法，具体地表现人物的特点
回归文本 整体复习	知识梳理+习作延展课	第7课时	1. 复习本单元生字新词及文学常识，梳理单元各个板块的关系，将所学体系化 2. 激发写作兴趣，提高学生写作能力，建立起学与用的联系

从以上的解读和课时安排，可以看出以下特点。

1. 板块式教学：整合单元大目标，细化课时小目标。

围绕"品众生相 学描写法 塑身边人"这个单元主题，立足学科核心素养，根据单元教学内容，整合单元大目标，细化课时小目标，将单元内容整合为"单元预学 整体感知""品众生相 炼描写法""习得方法 塑身边人""回归文本 整体复习"四个板块。每一个板块围绕核心目标承担不同的学习任务，聚焦具体目标展开教学，发挥不同的作用，这四个板块内部相连，外部相接，环环相扣，层层递进，为单元整体目标服务。这样的设计安排目标清晰，层次分明，凸显进阶，符合学生的认知发展规律，促进了学生学习。

2. 学习单抓手：有目的有阶梯，学生自主实践。

一个单元就是一个指向核心素养的、相对独立的、体现完整教学过程的课程细胞。

针对本单元特点，我们从单元伊始"单元预学 整体感知"板块便设计了学习单，且在之后的其他三个板块"品众生相 炼描写法""习得方法 塑身边人""回归文本 整体复习"中，或会对学习单进行完善补充，或运用学习单复习拓展，学习单贯穿整个单元教学始终，充分体现以课文为"例子"，从阅读中学习描写人物的具体方法、体会其表达效果、选取典型事例，在写作中选择典型事例，运用描写人物的具体方法具体地表现人物的特点。最终完成了"以读促写，从学到用"的过程，从而凸显语文学科的人文性与工具性的统一，达到学生学法由"输入—内化—转换—输出"的一个闭环。

经历这样的分析，对于教师来说工程量巨大，教师们更希望做一些简洁的、突出重点的解读与设计，这样更符合日常教学的实际。下面是笔者所做的五年级3个单元的教材解读与教学设计，以更好地诠释关联阅读视野下单元整体教学的特征。

有的教师认为，如果每个单元都进行这样详细的整体梳理，实在是太烦琐了。的确如此，当教师们对统编教材有了充分的理解，对教材编排体系了然于胸的时候，可以进行简化处理。比如五年级上册第六、七、八单元，我就进行了这样的设计，同样体现的是关联阅读视野下单元整体教学的思想。

案例三：在场景与细节描写中感受浓浓的亲情
——统编版五年级上册第6单元教学设计

一、单元解读

（一）人文主题理解

本单元的人文主题："舐犊情深，流淌在血液里的爱和温柔"。围绕这一主题选入两篇精读课文《慈母情深》《父爱之舟》，一篇略读课文《"精彩极了"和"糟糕透了"》。这几篇课文，有的写了无私的母爱，有的写了深沉的父爱，还有的写了父母对孩子不同的爱的表达方式。"口语交际"和"习作"的话题分别是"父母之爱""我想对您说"，与单元主题联系紧密，贴近学生的生活。整个单元的学习，以学生的阅读为主，实现从读到说，从说到写的递进式学习模式。

（二）语文要素解读

单元导语中点出本单元的语文要素是：体会作者描写的场景、细节中蕴含的感情，用恰当的语言表达自己的看法和感受。

我们从单元整体构成解读语文要素。首先聚焦阅读要素。场景描写，就是对一个特定的时间与地点内许多人物活动的总体情况的描写。它往往是叙述、描写、抒情等表述方法的综合运用，是自然景色、社会环境、人物活动等描写对象的集中表现。场景描写有点明时代背景、渲染气氛、烘托情感、突出文章主题的作用。细节描写是指抓住生活中的细微而又具体的典型情节，加以生动细致的描绘，它具体渗透在对人物、景物或场面描写之中，具体包括：环境描写、外貌描写、语言描写、动作描写、心理描写。就本单元来讲，细节描写就指的是在特定空间活动的时候，对人物所处的环境、人们活动的动作、神态、语言、心理等特别细微的变化的描写。综上所述，本单元"体会作者描写的场景、细节中蕴含的感情"可以理解为抓住本组课文中"在特定的时间与地点内，人物活动的总体情况的描写"和"对人物个体、景物的细致描写"，引导学生理解、体会语言文字中蕴含的作者思想感情，感受细节和场景描写的作用。我们再具体看看课文中是如何通过场景和细节描写表达情感的。

《慈母情深》一文，作者在"进工厂找母亲"这部分内容中，对母亲工作的场景进行了详尽的描述。厂房内恶劣的环境，使"我"的内心极度地震惊和不安，这正是场景描写对表达感情所起到的铺垫作用。"母亲给钱买书"的场景中，母子之间、母亲和工友之间的对话及一连串动作等细节描写，凸现了慈母情深；《父爱之舟》以小渔船为线索，紧紧围绕"父爱"这一主题，描写了作者和父亲在一起的一个个生活场景：卖茧子买枇杷；半夜为我换房；带我逛庙会；雨雪天背我上学；筹钱供我上学；摇船送我考师范；摇船送我读师范。父亲对儿子殷切的期望和无微不至的爱都蕴含在一个个场景和细节中，令作者记忆深刻，永难磨灭，并且随着时间的流逝，对父亲的爱和思念愈加浓厚。《"精彩极了"和"糟糕透了"》记叙了父母亲对一个七八岁孩子写的第一首诗的不同评价，以及对孩子成长的影响。这篇课文重点描写了父母的语言和神态等细节，通过对这些细节描写的品读，引导学生想象父母的内心世界。这三篇课文字里行间蕴含着真挚充沛的情感，和学生的实际生活联系也比较紧密，学生理解起来不难，但是要能领悟其中情感的特殊与复杂之处，设身处地理解作者的情感，则需要将场景与细节结合起来，仔细地品读与琢磨。课后习题指向阅读要素的内容，例如：《慈母情深》一课中"默读课文，边读边想象课文中的场景，说说哪些地方让你感受到慈母情深"。，这个题指向的是引导学生聚焦场景的同时，关注细节，融入想象，在头脑中要形成画面，让慈母情深可知可感。《父爱之舟》的课后习题让学生"默读课文，说说在我的梦中出现了哪些难忘的场景，哪个场景给你的印象最深"。，教学时要指导学生找出作者梦中出现的场景，并用自己的话说一说，同时聚焦某一场景进行深入学习。

"交流平台"对三篇课文进行梳理和总结，进一步感受如何将感情融入场景的描写中。对于"如何体会作者的感情"，学生在以往的学习中已经具备了一些学习经验。四年级下册的第一单元，语文要素是"抓住关键语句，初步体会课文表达的思想感情"；第三单元语文要素是"初步了解现代诗的特点，体会诗歌的情感"；第四单元是"体会作家是如何表达对动物的感情的"。本册书又进行了系列的编排，学生通过第一和第四单元的学习又掌握了"借助具体事物抒发感情的方法"和"结合资料，体会课文表达感情的方法"。因此，本学段的学生已初步具有独立阅读文章，具有一定的通过品读语言、动作、环境描写理解情感的能力。但是对于细节的关注，以及特定场景下细节描写对于表情达意的作用理解还不足。所以，本单元的学习，就是要将学生代入到场景中，并且将目光聚焦于特定场景中的细节描写，从而使学生更好地体会蕴含的情感。

按照上一学年学生学习本单元的情况来看，可能会存在以下学习困难。

1. 场景概括不够全面、准确。

2. 大部分学生能够找到自己印象深刻的场景，并能够感受到其中蕴含的情感，但是在谈自己的理解时，语言比较概括，不能够进一步抓住文中的细节描写进行分析。因此，在教学时要将引领学生专注细节、体会情感作为重点。

3. 从学生写的片段来看，很多学生关注在生病时父母的细心陪护和满足他们的需求上，只有极少数的同学感受到父母在学习或者思想上的关爱。所以要通过本单元的学习使学生知道，父母的爱浸润在我们生活中的方方面面，要多用心去体会父母的爱。

二、整体教学安排及教学目标

课型	课时	内容	目标
模块一 预习交流	1课时	《慈母情深》和《父爱之舟》课文字词、课文朗读	1. 认识31个生字，读准1个多音字，会写28个字，会写39个词语 2. 正确流利朗读2篇课文

续表

课型	课时	内容	目标
模块二 整体感知	1课时	整体感知《慈母情深》和《父爱之舟》	初步感知《慈母情深》和《父爱之舟》课文内容，梳理两篇课文中的场景
模块三 主题阅读	1～2课时	《慈母情深》阅读	1. 默读课文，想象描写的场景、细节，体会"慈母情深" 2. 体会文中反复出现的词语的表达效果 3. 能联系生活实际，写出自己"鼻子一酸"的经历
	1课时	《父爱之舟》阅读	1. 默读课文，能说出"我"梦中出现的难忘的场景 2. 理解课文题目和句子的含义，体会深切的父爱
	1课时	交流平台+《"精彩极了"和"糟糕透了"》阅读	1. 通过交流，总结体会作者表达情感的方法 2. 默读课文，了解父母对同一首诗不同评价的原因 3. 能联系生活实际，说出对巴德父母表达爱的方式的看法
模块四 交流表达	2课时	口语交际+习作	能选择恰当的材料支持自己的观点。能尊重别人的观点，对别人的发言给予积极回应，写一封信，用恰当的语言表达自己的看法和感受

三、表格解读

（一）模块一：预习交流。主要任务是学习本单元生字新词，朗读课文，为阅读课文扫除障碍。

（二）模块二：整体感知。主要任务是初步感知《慈母情深》和《父爱之舟》课文内容，梳理两篇课文中的场景，为主题阅读做铺垫。

（三）模块三：主题阅读。以"课文讲授+课堂讨论"为主，根据不同课文的特点设置不同的讨论方向，将本单元语文要素分散落实。《慈母情深》中有较多的动作描写，在教学中引导学生重点分析动作描写的作用以及所传达的特定情感,体会动作描写的内涵。《父爱之舟》中场景细节描写较多,可以引导学生思考场景描写与情感表达之间的关系,让学生能够感受场景烘托对情感表达的意义。《"精彩极了"和"糟糕透了"》是略读课文,可以先利用交流平台,梳理两篇精读课文阅读方法,然后引导学生运用这些方法自主阅读《"精彩极了"和"糟糕透了"》。

(四)模块四:交流表达。本单元的"习作"话题是"我想对你说",与本单元的"口语交际"的话题"父母之爱"紧密关联,可以以教材中的"口语交际"板块为切入点,引导学生表达对父母之爱的不同看法,鼓励学生从自身的生活经历谈起,表达自己父母在爱意表达上的不同形式,并分析其背后的原因。然后在习作板块,以"给父母的一封信"的形式引导学生回忆自己与父母相处的经历,表达自己的感恩之情。因此将二者进行整合,相辅相成。

四、单元教学设计

(一)模块一 预习交流

教学流程

1. 单元导语页导入,引导学生整体把握单元学习内容。

2. 交流预习,学习字词。

此板块,引导学生利用预习单完成课前预习,然后在课上通过交流预习单内容,落实本课学习任务。第一组为本单元要求会写的字,第二组为认读字。通过"我自学""我知道""我提醒""我分享""我朗读"几个板块,完成对本单元生字的音形义的掌握及对单元内几篇课文的朗读,在读中巩固识字并初步形成对单元内容的整体把握。

(1)引导学生根据预习单汇报交流,教师相机指导,重点强调易错的读音和字形。

为了体现课堂的主动性,学生通过预习,整理出自己需要学习的字词,而教师通过收集学生的预习单,将学生不认识的字词集中进行重点指导。这是基于高年级学情的字词教学。

（2）教师出示任务，考查学生识字情况，查漏补缺。

① 出示两组生字，同桌互相指读。

② 课件出示形近字，指名辨认区别。

③ 出示课文中带有生字的词语、句子，指名朗读，纠正读音。

④ 交流课文中个别词语的意思，教师适时补充图片或讲解，帮助学生理解词语意思。例如"缝纫机、茧子、粜稻等"。

（3）小组检查朗读情况，把课文读通读顺。

利用抽查、互查等多种方式，检查学生朗读课文的情况。

通过"我自学""我知道""我提醒""我分享""我朗读"几个板块，完成对本单元生字的音形义的掌握以及对单元内几篇课文的朗读，在读中巩固识字并初步形成对单元内容的整体把握。

第一组：辞 抑 碌 吊 噪 脊 竟 龟 哇 忍 酸 权 蚕 考 疼 席 糖 屑 启 迪 钉 陪 毕 属 煮 枕

第二组：魄 颊 纫 褐 惫 耽 兜 茧 栈 冤 枉 惚 跷 僻 嫁 缴 榜 兼 嘲

（二）模块二 整体感知

教学流程

1. 小组合作，梳理课文场景。

以"《慈母情深》这篇课文主要写了哪些场景？""《父爱之舟》这篇课文中，在'我'的梦中出现了哪些难忘的场景？"两个问题，引导学生梳理两篇课文的场景。

四人小组合作找一找，用简练的文字写在下来。

2. 集体交流，梳理归并场景。

（1）请一组代表上来边说边将词卡贴在黑板上，其余学生补充、修改。

"小组合作"和"集体交流"这两个环节，一定要给学生充分的时间讨论交流。刚开始交流时，黑板上略有点乱，这是非常真实的情况，老师引导学生将同一场景进行归并，并且按一定顺序排列。

比如"逛庙会"这个场景的梳理，预设学生可能出现"吃粽子、喝热豆腐脑"等零散的信息，这时候教师要引导学生进行归并：我们发现，"吃粽子、喝热豆腐脑、糊万花筒"这几个小场景都发生在"逛庙会"这一个大场景中，我们可以概括地写"庙会"这个大场景。

这就是场景梳理的过程，同时通过板贴的形式，把场景梳理的过程形象化地展现在黑板上，给学生的认知印象更深刻。

预习单

1. 我自学

请你圈出两组中不认识的字，查字典注音。反复读熟练。

2. 我知道

"龟"是多音字。

龟　guī（　　　）（　　　）

龟　jūn（　　　）（　　　）

3. 我提醒

第一组生字的书写我要提醒大家：

第二组生字的读音我要提醒大家：

4. 我分享

通过查字典或联系上下文的方法，我知道了这些词语的意思。

5. 我朗读

给自己的朗读打个等级吧。

《慈母情深》正确（　）　流利（　）　非常流利（　）

《父爱之舟》正确（　）　流利（　）　非常流利（　）

《"精彩极了"和"糟糕透了"》

正确（　）　流利（　）　非常流利（　）

（2）小结。

通过整理，可以初步将两篇文章概括成以下几个场景。

《慈母情深》：寻找母亲—向母亲要钱—母亲给钱买书。

《父爱之舟》：卖茧子买枇杷—加钱给"我"换好房间—逛庙会—雨雪天背"我"上学—凑钱缴学费—划船送"我"报考师范—划船送"我"读师范（缝棉被）。

3. 补充资料，了解写作背景。

补充两篇文章的作者资料及当时的生活背景。

出示《慈母情深》和《父爱之舟》两篇课文的作者简介和当时的社会背景。引导学生读一读。

《慈母情深》：梁晓声，小说家。出生于1949年。山东荣成人，1977年毕业于复旦大学。先后在北京电影制片厂、北京儿童电影制片厂工作。主要作品有：短篇小说《父亲》；中篇小说《今夜有暴风雨》；长篇小说《雪城》《年轮》等。

60年代初期，大多数老百姓家境艰难。当年，父亲远在外地，三年才回来一次。母亲是临时工，在一个街道小厂上班。她每天不吃早饭，带上半饭盒生高粱米或大饼子，悄无声息地离开家，回到家里的时间总在七点左右。母亲加班，我们就一连几天，甚至十天半月见不着母亲的面孔，就为了那每月27元的工资。一元五毛钱，相当于有的家庭几天的生活费。

——选自梁晓声《母亲》

《父爱之舟》：吴冠中，1919年出生，中国现代画家。上世纪二三十年代的中国农村地区，丰年都吃不饱饭、穿不暖衣，荒年就得卖儿卖女。中原地区多次暴发大饥荒，饿死的人不计其数。吴冠中是家中长子，家境贫寒，母亲常年患病不断服药，父亲不仅要上班，还利用空闲时间种田养蚕，补贴家用。

学习这两篇文章，最令教师们犯难的就是让学生入境入情。由于作者生活的年代非常贫穷，而学生又没有贫穷的生活体验，学生很难走进文本，难以感受到母亲和父亲的情之深、爱之切。这就需要教师提供相关资料帮助学生了解作者童年的生活背景，了解"一元五角"在当时的价值，了解"加钱换房、一碗豆腐脑、凑钱上学等背后的代价"，学生才能真切地理解作者生活的处境以及当时的心境，才能更好地理解艰苦岁月中的可贵亲情，才能真正走进作者所描写的真实场景，用心揣摩作者所描写的细节，体会作者的细腻、丰富的思想感情，才能真切地表达自己的看法和感受，语文要素才能真正得以落实。

（三）模块三　主题阅读

《慈母情深》

教学流程

1. 把握整体内容，回忆故事场景。

（1）引导学生回忆故事场景。

这节课，我们继续走进《慈母情深》，还记得课文主要写了哪些场景吗？

（2）谈话导入。

这一个个的场景，感人至深。就让我们一起跟随作家梁晓声的笔触，走进那些感人的细节和场景，去体会慈母情深。

这样的设计从整体入手，回顾场景，体现了第一课时、第二课时之间的衔接。

2. 引发认知冲突，学生自主阅读。

（1）揭示"'我'想买《青年近卫军》"和"拿到钱后，'我'鼻子一酸"矛盾点，引发学生认知冲突。

教师引导：整个故事的起因是"我"想买一本小说《青年近卫军》，有多想买呢？

学生阅读课文1~6自然段回答。

教师追问：这么想买，那当"我"拿到妈妈痛痛快快给的一元五角之后，理应……（高兴、兴奋），但是此刻的"我"却"鼻子一酸"。同学们，"鼻子一酸"是什么感觉？

（2）出示自学提示，学生自主阅读。

自学提示："我"为什么会"鼻子一酸"呢？默读课文，找找句子，哪些地方令"我"鼻子一酸？请用波浪线画下来，将你的感受批注在旁边。

3. 研读场景细节，品悟慈母情深。

根据学生集体交流自学成果，引导学生完成以下活动。

活动一：初悟反复的表达效果，体会厂房环境的恶劣。

不足二百平米的厂房，四壁潮湿颓败。七八十台破缝纫机一行行排列着，七八十个都不算年轻的女人忙碌在自己的缝纫机旁。因为光线阴暗，每个女人的头上方都吊着一只灯泡。正是酷暑炎夏，窗不能开，七八十个女人的身体和七八十只灯泡所散发的热量，使我感到犹如身在蒸笼。

（1）将这段文字中"不足二百平米"的空间转换成学生的教室来想象。

（2）这段话出现了很多的"七八十"，你从中读出了什么？

（3）想象场景朗读：母亲每天就在这样的环境下工作，日复一日、年复一年地就在这样的环境下工作，带着你的感受读一读这段话。

学生读后进行追问：当你第一次发现母亲在这样的环境下工作，你有什么感受？这些感受交杂在一起，怎能不让我"鼻子一酸"呢？

活动二：关注反复的表达方式，品味母亲的艰辛。

（1）比较句子：对比读一读这两个句子，有什么不同？

背直起来了，我的母亲。转过身来了，我的母亲。褐色的口罩上方，一对眼神疲惫的眼睛吃惊地望着我，我的母亲的眼睛……

① 调换顺序，将"我的母亲"放在开头比较阅读。

我的母亲，背直起来了。我的母亲，转过身来了。褐色的口罩上方，我的母亲一对眼神疲惫的眼睛，吃惊地望着我……

② 去掉两个"我的母亲"，对比阅读。

我的母亲背直起来了，转过身来了，褐色的口罩上方，眼神疲惫的眼睛吃惊地望着我……

通过两次对比阅读，引导学生体会到三个"我的母亲"的反复和倒置，表达了"我"不敢相信这个人就是我的母亲，强调了母亲的疲惫、艰辛，更突出慈母情深。

（2）想象画面：边读边想象"我"看到了怎样的母亲？

用这个句式引导学生交流想象。

在"我"的印象中，母亲的背是_____的，可是，我看到的母亲的背是_____的。

在"我"的印象中，母亲的脸是_____的，可是，我看到的母亲的脸是_____的。

在"我"的印象中，母亲的眼睛是_____的，可是，我看到的母亲的眼睛是_____的。

（3）有感情地朗读文段。

教师创设朗读的情景：

我的母亲就是这样工作的，读这三句话。

我的母亲就是这样赚钱的，读这三句话。

（4）小结。

"我"看到的母亲瘦弱、疲惫成这样，我能不"鼻子一酸"吗？这一切的情感都含在这三个"我的母亲"当中，少一个都不足以表达"我"的情感。

像这样的表达文中还有，找一找。

母亲说完，立刻又坐了下去，立刻又弯曲了背，立刻又将头俯在缝纫机板上了，立刻又陷入手脚并用的机械忙碌状态……

（1）四个"立刻"给你什么感受？

（2）找同义词替换"立刻"，比较阅读。

母亲说完，立刻又坐了下去，赶紧又弯曲了背，马上又将头俯在缝纫机板上了，随即又陷入了忙碌……

"立刻"可以换成其它词语，使句子富有变化，可是作者为什么重复用了四次？强调母亲工作的艰辛、疲惫，体现了作者理解了母亲，作为一个女人承担家庭重担的不容易，心疼母亲。

（3）引读，升华情感。

母亲是那样瘦弱，但是她不能停下来——（生接读）

母亲是那样疲惫，但是她不能停下来——（生接读）

母亲是那样劳苦，但是她不能停下来——（生接读）

（4）小结。

母亲的钱就是这样赚来的，作为儿子，怎能不"鼻子一酸"。作者就是这样，通过一次又一次的反复，描写不同的场景，刻画了一个忙碌、疲惫、艰辛的母亲。

活动三：品读细节描写，感受母亲深情。

"母亲掏衣兜，掏出一卷揉得皱皱的毛票，用龟裂的手指数着。"

"母亲却已将钱塞在我手心里了，大声对那个女人说：'我挺高兴他爱看书的！'"

（1）交流：这两个句子，哪个字、哪个词深深地打动了你？

（2）读议"塞"：从这个"塞"字体会到了什么？

（3）再次体会"塞"：计算，母亲一个月拼命工作，得来27元工资。分到30天，平均每天0.9元，一元五角，母亲要这样工作两天。这"塞"在我手心里的仅仅是钱吗？

通过以上学习，学生体会到一个"塞"字，体现出的是母亲的爱、母亲的心、母亲的关怀、母亲的希望……

（4）有感情地朗读：尤其读好母亲的那句话。带着几分欣慰，几多期望，甚至是几丝自豪地读。

（5）总结提升：这一"掏"，这一"塞"，又让我们读出了一位怎样的母亲？（无私的，宽厚的，善良的，对儿女百般关爱的……）

从以上设计不难看出，围绕课后习题，并将其进行细化组织教学是落实语文要素的有效方法。

4. 研读课文结尾，感受表达特点。

（1）引导发现：读一读课文的结尾和开头，你发现了什么？

（它是与开头相照应，体现故事的完整性）

（2）思考：从结尾的省略号，你读懂了什么？

（它蕴含着对母亲的无尽的感激之情）

5. 联系生活实际，运用方法练笔。

（1）交流：你有过"鼻子一酸"的经历吗？

（2）出示练笔要求：用一段话写写自己"鼻子一酸"的生活经历，要表达出自己的真情实感。

提示：可以试着运用课文中学到的通过场景、细节表达情感的方法，尝试运用反复的表达方法。

（3）学生练笔，老师巡视，发现典型片段。

（4）全班交流评价。

重点点评学生在小练笔中能通过描写场景、细节来表达真情，或者用反复出现的词语来表达强烈情感的内容。

本课教学设计，围绕"写了什么、怎么写的、写得怎么样"，引导学生深入学习，并在练笔中巩固了本课的写法，陶冶了学生的情感。

《父爱之舟》

教学流程

1. 读首尾两段，确定情感基调。

（1）出示：

是昨夜梦中的经历吧，我刚刚梦醒！

……醒来，枕边一片湿。

学生自读首尾两段，说说自己读懂了什么。

（2）引导学生发现。

① 开头写"梦醒"，结尾写"醒来……"，这篇课文写的都是作者在梦中回忆起与父亲一起生活的点点滴滴。

② "枕边一片湿"说明作者十分思念父亲。

（3）教师补充：此时作者的父亲已经去世，再读开头和结尾，你能体会到作者梦醒时是什么心情吗?

2. 回顾场景,导入新课。

引导学生回忆:上节课同学们和老师一起梳理了"我"的梦中经历,还记得有哪些场景吗?

课文从梦境中开始,在梦醒时结束———作者用梦境引发回忆的方法连段成篇。本设计遵循文本特质,让学生在场景的回忆中整体感知全文,为后续感悟做好铺垫。

3. 聚焦场景,品读细节,体会父亲之爱。

(1)自主阅读。

出示自学提示:默读课文,在这些场景中,哪些给你留下了深刻印象?边读边想象,把感触最深的语句画出来,并在旁边做简单批注。

(2)集体交流。

在了解学情的基础上,选择学生最感兴趣、最感动的三个场景点拨指导,分别是:"逛庙会""凑钱缴学费""缝补棉被",其余场景的体会依据学情简要处理。

① "逛庙会"。

A. 补充社会背景,加深体会

在学生交流过程中,教师相机补充当时社会背景材料:20世纪二三十年代的中国农村地区,丰年都吃不饱饭、穿不暖衣,荒年就得卖儿卖女。中原地区多次暴发大饥荒,饿死的人不计其数,逃荒的农民上百万。

此时,你又有什么体会?

B. 补白心理活动,感受父爱

父亲看到庙会上各式各样的糖果点心,鸡鸭鱼肉都有,卖玩意儿的也不少。他想:_____

"我"看到庙会上各式各样的糖果点心,鸡鸭鱼肉都有,卖玩意儿的也不少。"我"想:_____

根据学生生成总结提升:一碗热气腾腾的豆腐脑,一个最珍贵的万花筒都是满满的父爱。

作为一个孩子，面对庙会上各式各样的糖果点心、鸡鸭鱼肉，肯定很馋，但体谅父亲挣钱辛苦，不忍心让父亲再花钱。真懂事！

② "凑钱缴学费"。

A. 交流：在这个场景中，哪个字最打动你？为什么？（引导学生关注"凑"）

B. 想象：父亲粜稻、卖猪，为作者东奔西走凑学费的情景。父亲会怎样"凑"？"凑"的时候会想些什么？

教师相机补充资料：作者那一年十一岁，是家里的长子，他还有弟弟妹妹，母亲长期卧病在床。家里生活极度困难。

C. 思考：假如你就是作者，你拿着家里"凑"来的钱去上学，你心里会想些什么？（教师根据学生的回答，概括作者的心情：担忧、愧疚、感恩……）

师生共同小结提升：作者说，这是他人生道路中品尝到的新滋味，这"新滋味"中有……（指学生总结）

③ "缝补棉被"。

A. 聚焦"永难磨灭的背影"，谈感受。

B. 边读边想象：父亲为我缝补棉被时的动作，试着用自己的话描述这个场景。

（教师根据学生的回答，小结提升："父亲对我的爱"。）

C. 追问：为什么父亲缝补棉被的背影"永难磨灭"？

"永难磨灭"的是什么？

其他场景可以根据本班情况略做处理，可以采用小组内交流、以读代讲、表格梳理等方式进行。

4. 回顾全文，理解课题。

（1）讨论能否画出"载着父爱的小船"。

① 出示："不仅是背影时时在我眼前显现……把那只载着父爱的小船画出来就好了！"

② 讨论：你们觉得作者能画出这只小船来吗？为什么？

（答案是开放的，讲出理由即可。比如：能画出，文章中出现了多处描写小舟的场景；不能，小舟载着多少父爱呢，是画不出来的……）

教师相机出示作者画作。

③ 小结提升：小渔船容易画出，但是父亲的爱很难画出来。

（2）理解课题"父爱之舟"。

① 浏览课文，找一找在梦中出现的场景中，"小渔船"出现了几次？

② 讨论：课文为什么以"父爱之舟"为题？

③ 小结提升：许多与父亲之间的事都与"小渔船"密不可分，这小船是承载着父爱的小船，父爱与小船已经融为一体。

这篇课文，场景描写一共有七处，教师要注意取舍，以学定教，无论选取精读哪个场景、细节，教师都要明确两个教学目标：一是品读印象深刻的场景和细节来体会父爱；二是联系课文说说以"父爱之舟"为题目的理由。品读过程中，既要关注父亲对"我"的爱，这是课文的明线；又要关注"我"也是深爱父亲的，这是课文的一条暗线。它们相互交融在一起，父慈子孝、舐犊情深蕴含在字里行间，读来让人回味无穷。

《"精彩极了"和"糟糕透了"》

教学流程

1. 梳理交流平台，总结学法。

（1）交流：学习了《慈母情深》和《父爱之舟》两篇课文之后，你觉得课文中哪些地方让你感受到了父母子女之间浓浓的深情？

（根据学生生成总结：作者是通过场景、细节描写表现这种情感的。）

（2）自读交流平台，思考：怎样才能更好地体会到作者表达的情感呢？

（3）小结：作者的感情有时是通过描写场景表达出来的，有时是蕴含在一个个小细节中的。我们阅读时，就可以抓住这些场景和细节来品味，就可以更好地体会到作者表达的情感。

今天，我们就用这种方法自主阅读《"精彩极了"和"糟糕透了"》这篇课文。

2. 读课题导入，发现父母评价的矛盾。

（1）读课题，交流。

从这个题目，你们读懂了什么？又有什么问题？

（2）出示阅读提示，明确本课研讨的问题。

默读课文，想想父亲和母亲对巴迪的诗为什么会有不同的看法；巴迪长大后，又是如何看待这件事的。联系生活实际，说说你如何看待巴迪父母表达爱的方式。

3. 借助学习单，自主阅读。

（1）自主阅读，完成学习单。

《"精彩极了"和"糟糕透了"》学习单

人物角色	看法	理由	巴迪小时候的看法	巴迪长大后的看法
母亲				
父亲				

（2）集体交流，点拨指导。

在学生交流过程中，相继完成以下活动。

活动一：关注父母评价的场面、细节

① 想象情境。

出示：

母亲一念完那首诗，眼睛亮亮的，兴奋地嚷着："巴迪，真是你写的吗？多美的诗啊！精彩极了！"她搂住了我，赞扬声雨点般落到我身上。

"我看这首诗糟糕透了。"父亲把诗扔回原处。

读一读父母评价的场景，想象父母的心里是怎么想的，巴迪此时的心情是怎样的？

② 梳理巴迪的心情变化，体会巴迪心情的巨大落差。

圈画出描写巴迪心情的词语，画一画巴迪的心情变化曲线图。（展示学生作

品图片）

③ 分角色朗读课文，还原课文场景，深入体会父母爱的不同表达方式。

活动二：角色体验，体会父母之爱

① 关注巴迪长大后的成就。

读课文，找一找长大后的巴迪有哪些成就。

补充作者巴德·舒尔伯格的资料：国际知名的编剧、作家，由巴德·舒尔伯格担任编剧以及导演的好莱坞影片《码头风云》最为人知晓，荣获了第27届奥斯卡最佳影片、最佳导演、最佳故事剧本、最佳男主角等8项大奖。

② 角色体验。

此时，你就是成功的大作家巴德·舒尔伯格，你最想感谢谁？最想对这个人说些什么？

③ 出示巴德·舒尔伯格作品选段，加深对两种爱的理解。

我感到庆幸——我从孩提时代起，就既有爱说"真美"的母亲，又有爱说"真糟"的父亲！是他们教会了我如何对待形形色色的"肯定"和"否定"——首先我得不惧怕批评，不管这些否定意见来自何方，也不管这样"宣判"多么令人心碎，我决不能因为别人的否定而丧失勇往直前的勇气；而另一方面，我又得在一片赞扬声中克服内心深处的自我陶醉！

——巴德·舒尔伯格《我的绝妙坏诗》（课文原文）

4. 联系生活，谈不同的爱。

思考交流：联系生活实际，对于巴迪父母的鼓励和批评这两种爱的表达方法，你有什么看法？

（没有标准答案，有的学生喜欢鼓励的方式，有的同学认可严厉的教育，部分同学期望父母两种方式并用。老师只需要引导学生感受到，无论用什么方式，都是父母之爱。）

5. 回顾单元内容，拓展延伸。

（1）续写小诗。

父母之爱

母亲的爱，是《慈母情深》中的＿＿＿＿＿＿＿＿＿＿＿＿＿＿＿＿＿＿。

父亲的爱，是《父爱之舟》中的＿＿＿＿＿＿＿＿＿＿＿＿＿＿＿＿＿＿。

母亲的爱，是《"精彩极了"和"糟糕透了"》中的＿＿＿＿＿＿＿＿＿。

父亲的爱，是《"精彩极了"和"糟糕透了"》中的＿＿＿＿＿＿＿＿＿。

母亲的爱，是生活中的＿＿＿＿＿＿＿＿＿＿＿＿＿＿＿＿＿＿＿＿＿＿。

父亲的爱，是生活中的＿＿＿＿＿＿＿＿＿＿＿＿＿＿＿＿＿＿＿＿＿＿。

这些爱，让我懂得了＿＿＿＿＿＿＿＿＿＿＿＿＿＿＿＿＿＿＿＿＿＿＿。

以上环节从一课联系一个单元，从课内关联生活，让学生认识父母之爱有不同的表现形式，学会珍惜爱、感恩爱。再以诗为载体，让学生将文本的人文感悟进行加工与凝练，读懂父母之爱，为口语交际和习作打下基础。

（2）推荐阅读：毕淑敏的《孩子，我为什么打你》、史铁生的《秋天的怀念》、马克·汉林的《地震中的父与子》，感受不同的父母之爱。

（四）模块四　交流表达

教学过程

1. 口语交际。

（1）谈话导入，引出交际话题。

（2）创设情境，讨论事例1。

师生表演事例1（创编，略）。

学生思考：对于文中爸爸的做法，你有什么看法？

（3）出示贴士，明确发表看法的方法。

选择恰当的材料支持自己的观点。（名言警句、事例、联系生活……）

尊重别人的观点，对别人的发言给予积极回应。

（4）小组内交流。

（5）展示汇报。

挑选一组有两个观点的小组上前展示，在一组充分汇报的基础上，其他同学进行补充。教师根据学生发言情况恰当引导，当我们的观点出现分歧时，要学会互相尊重,并积极回应,选择恰当的材料把理由说充分。

(6)巩固练习。

小组内讨论事例2、3,展示汇报。

(7)联系生活。

在生活中,你遇到过类似的事情时,你是怎么想的,又是怎么做的?

(8)进行集体交流。

这个环节既是口语交际的结束,又是习作的开始,后面的习作将这个活动延伸,完成习作选材指导。

2. 习作。

(1)说说心里话(选材)。

由口语交际最后一个活动导入,继续延伸,给爸爸妈妈写留言条。

爱的留言条
亲爱的_____: 　　我想对您说:(我多希望、您能不能、我可以不可以……) _____ _____。

(2)范文引路,学习写法。

① 出示课文精彩片段,回顾写法。

② 出示习作范文(如果时间允许,可以出示两个范文,一个表达父母的爱的,一个和父母表达看法和建议的,为学生提供多种范本)。

(3)自主习作。

出示习作要求。

① 用恰当的语言,把自己最想对父母说的话写成一封信。

② 能够表达自己真实的看法和感受,让父母感受到你的爱,理解和接受你的看法,接纳你的建议。

③ 书信格式要规范。

单元教学设计评析

单元整体教学强调的是个"整"字，从以上单元教学设计可以看出，围绕本单元的人文主题和语文要素，每一课都有各自落实语文要素的侧重点。同时，在教学中教师也在努力构建单元内部各部分内容的联系，最大化地发挥文本价值，在促进学生语言发展的同时，促进学生的思维发展，切实提高他们的语文素养。

案例四：赏四时之景　感动静之趣
—— 统编版五年级上册第7单元整体教学设计

一、单元解读

（一）人文主题理解

本单元以"自然之趣"为主题，编排了四篇课文，从不同角度描写了不同时间、不同地点的景物。《古诗三首》安排了三首写景物的诗词：《山居秋暝》描绘了初秋薄暮、雨后初晴的山中图景；《枫桥夜泊》写了诗人夜泊枫桥的所见所闻，漫天寒霜里，月落乌啼，江边枫叶摇曳，渔船上灯火点点，夜半钟声飘到客船，引发了诗人无限愁绪；《长相思》写了长途羁旅风光，那些风雪之声仿佛就在耳畔。《四季之美》按一年四季的顺序描写了春天的黎明、夏天的夜晚、秋天的黄昏和冬天的早晨等不同时间的景致，营造了美的氛围。《鸟的天堂》分别描写了傍晚静态的大榕树和早晨榕树上群鸟活动的情景，展现了动人的南国风光。《月迹》记叙了中秋夜几个孩童从屋里到院子、从院子到河边寻找月亮的过程，以儿童化的语言描绘了皎洁的月光和月光下的夜色。

（二）语文要素解读

本单元的语文要素是"初步体会课文中的静态描写和动态描写"。什么是静态描写？什么又是动态描写呢？静态描写，是指记叙文中对人物、景物作静止状态下的描摹状写，创造生动具体的感人形象的一种写作方法。这种描写是为客观事物本体造形，以寄托作者的情感，也为读者创造了具体感人的形象，从而实现描写的目的。动态描写是指记叙文中对人物、景物作运动状态的描摹状写，创造具体的、栩栩如生的感人形象的一种描写方法。动态描写包括两个方面：一是对运动着的景物的描写，一是对静物所作的动态描写。静态描写和动态描写都是记叙文中运用最普遍、最基本的一种方法，二者联袂相生，从不同角度刻画景物和人物的特征。

这一单元的课文，主要是运用静态描写和动态描写相结合的方法为我们描绘了栩栩如生的景物之美。如《山居秋暝》中，对清泉、竹子、莲叶等景致进行了动态描写，衬托了山间傍晚的幽静；《四季之美》描写了春天黎明天空颜色的变化、夏夜萤火虫翩翩飞舞、秋天黄昏时归鸦回窠、大雁比翼而飞等景致，凸显了景物的动态美；《鸟的天堂》中，傍晚的大榕树是静谧的，早晨的大榕树则是热闹的，一静一动，特色鲜明；《月迹》一文，既有对月亮爬竹帘格儿的动态描写，也有对满院子玉玉的、银银的月光的静态描写，充满了情趣。

二、单元目标

（一）学习本单元字词，学会重点字词的音、形、义，初步感知散文和古诗的内容，初步感受诗文之美。

（二）有感情地朗读课文，产生热爱祖国语言文字的情感，有发现、感知、欣赏、评价语言文字和文学美的意识和基本能力。

（三）能理解和尊重文化艺术的多样性，从古诗和现代散文中体会不同的语言美。

（四）通过对语言的品味和景物的变化描写，掌握抓住变化来进行表达的方法,建构语言。

三、总体构想

教科书教学主要进行单元教学内容整合,以达到精讲高效的目标。例如,整体学习字词,感知单元内容;围绕人文主题和语文要素分别进行《四季之美》《鸟的天堂》教学;将略读课文《月迹》与"语文园地"中的"交流平台词""句段运用"整合起来;把《古诗三首》和"日积月累"中的《渔歌子》整合在一起。这样的设计力图扎实落实语文要素,引导学生感受动态描写和静态描写给人带来的情趣。将"习作"与"词句段运用"结合起来,让学生按照顺序,描写身边景物的动静变化,引导他们关注生活,感受美好。读整体书阅读教学,引入《巴金作品精选》,一篇篇精美的小文章便于学生在感受生活之美的过程中,发现写作的密码。语文实践活动组织学生进行"聚美集"设计,通过摄影图片与文字介绍的形式,学生关注生活,发现生活中的美。

第一部分 教科书教学设计

(一)模块一 预习交流(1学时)

教学目标

1. 认识17个生字,读准3个多音字,会写25个字,会写22个词语。

2. 正确流利朗读4篇课文。

教学过程

1. 自读课文,学习字词。

(1)自由读本单元的4篇课文,根据生字表把诗文读正确、读通顺、读流畅。

(2)识字音,记字形,悟词义。

2. 整体阅读单元文章,在读中巩固生字新词的识记理解。

3. 根据导学单,进行效果监测。

（二）模块二　整体感知（1学时）

教学目标

1. 阅读导语页，了解本单元重点学习内容。

2. 初步感知《四季之美》、《鸟的天堂》和《月迹》的主要内容。

3. 按照课后习题，自主阅读初步了解动态描写和静态描写。

教学过程

1. 阅读导语页，明确本单元学习重点。

2. 自主阅读课文，概括主要内容。

3. 小组交流，集体讨论，对单元内容形成整体感知。

4. 浏览课后习题，自主阅读初步了解动态描写和静态描写。

（三）模块三　主题阅读——《四季之美》（1学时）

教学目标

1. 有感情地朗读课文，体会作者笔下四季之美的独特韵味。

2. 抓住重点语句，联系上下文，体会静物的动态描写。

3. 背诵课文。

教学过程

1. 破题导入，介绍作者。

（1）看到课题，你了解到什么？

（2）介绍作者清少纳言。

2. 深入文本，感悟"美"。

（1）默读课文，思考：四季的什么时候最美？画出重点语句。

（2）同桌合作练读课文，指四组同学每组读一个自然段，思考：这四个自然段在构段上具有怎样的特点？

（3）用概括句说说全文的主要内容。

3. 品读文字，感受情趣。

（1）共学感"云"趣

① 学生自由朗读课文第一自然段，边读边画出自己觉得写得有趣的句子，将感受批注在书上。

② 小组内进行交流，填写表格。

春天最美是黎明	云	鱼肚白—红晕—红紫红紫的彩云 一点儿一点儿—染上—飘着
夏天最美是夜晚		
秋天最美是黄昏		
冬天最美是早晨		

③ 集体交流。

A. 感受云颜色之美：鱼肚白—红晕—红紫红紫的彩云。

B. 感受变化之动：一点儿一点儿—染上—飘着。

小结：围绕春天最美是黎明，写了黎明时分云的颜色变化，这是一种柔和的动态美。

（2）自学感"乐"趣。

① 按照表格提示，自学2至4自然段。

② 集体交流。

萤火虫：

A. 交流表格内容：第2自然段描写了萤火虫在夏夜里翩翩起舞的情景，这光的精灵给漆黑、宁静的暗夜带来了光的灵动。

B. 有感情地朗读萤火虫在夏夜飞舞的情景。

C. 想象：夏夜的雨后还有哪些有趣的情景？

D. 配乐朗读，再现夏夜之趣。

鸟儿：

A. 抓住黄昏时鸟儿们的表现，随学生交流，进行指导。

出示句子，比较异同：

夕阳西下，乌鸦归巢。

夕阳斜照西山时，动人的是点点归鸦急急匆匆地朝窠里飞去。

第二句写出了夕阳西下时的状态和高远的天空上归鸦急飞的情景，让人读来，脑海中会浮现出广大背景之下生动的画面。

B. 有感情地朗读，聚焦"点点归鸦"和"急急匆匆"想象画面，体会画面的动态美。

C. 自由朗读，想象成群的大雁比翼而飞，耳边风声、虫鸣交织的情景。

火：

A. 冬天给你怎样的感觉？（寒冷、渴望温暖）。

B. 骄阳似火写出了夏天的炎热，人们避之不及。而此时，严冬的早晨手捧温暖的火盆，穿过走廊，望着粉妆玉砌的世界，或是什么事情也不干，就享受这温暖，那该是一种怎样的感觉呢？（舒服、惬意）指导学生读出舒服、惬意的感觉。

C. 这段描写中，你感觉哪个地方写得有趣？

熊熊的炭火给肃杀的冬天带来勃勃生机，给人以温暖，给人以力量。

（3）总结全文，体会动态美。

① 梳理表格，了解每个自然段作者描写的景致。

② 借助表格练习背诵课文。

四季之美		
春天最美是黎明	云	鱼肚白—红晕—红紫红紫的彩云 一点儿一点儿—染上—飘着
夏天最美是夜晚	萤火虫	翩翩飞舞　飞行
秋天最美是黄昏	鸟儿	急急匆匆飞去　比翼而飞
冬天最美是早晨	炭火	熊熊的炭火　手捧　穿过

③ 如果让你根据课文内容给四幅扇面配上图，你会怎么选择？

④ 小结：作者抓住每个季节中有代表性的景物，着力对他们进行了动态

描写，使文章充满情调而且具有极强的画面感。在今后自己的写作中可以尝试运用。

4. 读写结合，创造美。

（1）每个人的心里都会有一处难以忘怀的景致，学习课文的对景物进行动态描写的方法，结合课后选做题写几句话。

（2）同桌互说，评议，然后动笔写下来。

（3）集体交流，评议、修改。

（4）总结：在作者的笔下，春天的早晨是柔和的，夏夜是迷人的，秋天的黄昏是令人心旷神怡，冬天的早晨是温馨、闲逸的。细细品味课文的语言，作者那份细腻真挚，那份溢于言表的对自然和生命的热爱感染了读者。让我们和作者一样带着这份热爱再来朗读课文吧。

（四）模块四　主题阅读——《鸟的天堂》（2学时）

教学目标

1. 朗读课文，知道作者为什么说"那'鸟的天堂'的确是鸟的天堂啊"。

2. 能说出"鸟的天堂"在傍晚和早晨不同的特点，初步感受静态描写和动态描写。用不同的语气和节奏朗读相关段落。

教学过程

1. 复习回顾，导入新课。

2. 重点研读，体会静态美。

（1）作者第一次去鸟的天堂，看到了怎样的景象呢？自由读进行批画。

（2）集体交流分享。

① 结合重点句，感受榕树之大。

句子一：当我说许多株榕树的时候，朋友们马上纠正我的错误。一个朋友说那里只有一株榕树，另一个朋友说是两株。

句子二：我有机会看清它的真面目，真是一株大树，枝干的数目不可计数。枝上又生根，有许多根直垂到地上，伸进泥土里。

句子三：一部分树枝垂到水面，从远处看，就像一株大树卧在水面上。

A. 抓住关键词"不可计数"感受榕树的大。

B. 出示课文插图，感受独木成林的壮观景象。

C. 边读边想象画面，感受榕树之大。

② 聚焦重点段，感受榕树的茂盛。

A. 自由读第8自然段，说说大榕树给你怎样的感觉？你是从哪里看出来的？

B. 想象画面，有感情地朗读这一自然段。

（3）小结：作者第一次去鸟的天堂没有看到一只鸟，只看到了一株卧在水面上的大树，它是那么大，那么茂盛，宛如一幅风景画陈列在读者面前。这部分的描写也与《四季之美》对景物的动态描写形成鲜明的对比，它叫静态描写。

（4）自由练读，配乐朗读，体现榕树的静态之美。

3. 自主研读，体会动态美。

小组合作学习10至13自然段。

（1）学习要求。

① 画出作者第二次去"鸟的天堂"看到的景象，小组内交流其特点。

② 练习朗读，读出特点。

（2）交流指导。

① 从"静寂、热闹"两个词，感受画面由静到动的变化。

② 抓住三个"有的"感受鸟的姿态的不同。

③ 从两个"到处"，到"大的，小的，花的，黑的""应接不暇""这""那""另"感受鸟的数量多、品种多。

（3）小结。

作者第二次去"鸟的天堂"，看到了与第一次去截然不同的景象，突出对鸟的声音、所在位置、动作等方面进行了细致描写，体现了大榕树动态之美，这种写法就是动态描写。

（4）有感情地读出鸟的天堂热闹的景象。

4. 总结全文，拓展阅读。

（1）对比朗读第一次和第二次去"鸟的天堂"看到不同景象的段落，进一步体会动态描写和静态描写。相互品评是否读出了景物或作者心情的特点。

（2）聚焦课文最后一个自然段。

① 两个"鸟的天堂"意思一样吗？

② 练习读出作者的赞叹之情。

本课的描写方法与《四季之美》有什么不同？（动静结合）

（五）模块五　主题阅读——《月迹》+交流平台+词句段运用2（1学时）

教学目标：

1. 默读课文，了解月亮的足迹都出现在哪里。

2. 有感情地朗读自己觉得有趣的语句，体会作者细腻的感受和动人的描写。

教学过程

1. 揭示课题，导入新课。

（1）解题：你怎么理解题目的意思？

（2）阅读课下学习提示，思考：月亮的足迹都在哪呢？默读课文，找出答案。

2. 自主阅读，集体交流。

（1）学生带着问题自学。

（2）小组内进行交流。

（3）小组汇报，相机指导。

① 交流月迹：中堂—院中—河边。

② 发现情趣。

A. 体会月迹的变化，在朗读中感受月亮的可爱，以及孩子们观察的仔细。

B. 在朗读中感受月亮的样子、颜色的静态美。

C. 引导学生品读文字，想象画面，读出寻找月迹之趣，感受月迹的无所不在。

（4）小结：月亮就像一位女子，时而沉静，时而好动，就在这一动一静之间，越发显得她的可爱。它既是你的，也是我的。

3. 总结交流，仿写画面。

（1）月亮在贾平凹的笔下是淘气可爱的孩子，其实，在本单元中，作者描写事物是具有共同点的，我们看交流平台，它们是怎样写的呢？

分析例句的写作方法。

（2）从整个单元来看，《四季之美》侧重在动态描写；其他三篇课文是动静描写相结合。同学们写作时可以根据需要有所侧重。

（3）完成词句段运用第二题，说说例句是怎么写具体的，从三个句子中选择一两个写具体。其他的作为家庭作业。

（4）交流仿写句子，谈学习收获。

（六）模块六 主题阅读——《古诗三首》+日积月累（2学时）

教学目标

1. 有感情地朗读三首古诗词，背诵课文，默写《枫桥夜泊》。

2. 想象诗词描绘的景象，体会其中的动态描写和静态描写。

3. 借助注释，理解《长相思》的意思，试着体会作者的思想感情。

教学过程

1. 学习《山居秋暝》。

（1）读读古诗，分类圈画出诗中描写的景物。

（2）讨论：诵读想象诗中描写的画面，注意把动态画面表达清楚。

（3）思考：诗人是抓住景物的哪些特点来表达意境美的？

（4）有感情地朗读，练习背诵。

2. 学习《枫桥夜泊》。

（1）诵读古诗，想象诗中描写了一幅怎样的画面。

（2）找一找诗中的景物在发生哪些变化，自由谈一谈。

（3）有感情地朗读，想象画面，体会作者的愁苦，练习背诵。

3. 读《渔歌子》说说自己的感受。

4. 学习《长相思》。

（1）自学《长相思》。说说它与三首古诗有什么不同？结合《清平乐·村居》了解《长相思》是一首词，分上阙和下阙，句子也有长短之分。

（2）有感情地朗读，体会作者的情感。

（3）巩固背诵和默写《枫桥夜泊》。

（七）模块七　交流表达（2学时）

教学目标

1. 观察某种自然现象或某处自然景观，重点观察景物的变化，写下观察所得，并把题目补充完整。

2. 能按照一定的顺序描写景物，写出景物的动态变化。

3. 学习宣传语的拟定以及仿写训练。

教学过程

1. 出示本次习作要求。

（1）明确习作题目要求。

（2）解题。

（3）提出写作要求。

2. 根据习作要求自行完成习作。

（1）出示习作例文，进行示范评价。

（2）明确评价标准。

① 围绕题目写了哪些内容，段落结构是否清晰？

② 作文的语言是否通顺流畅？

③ 抓住景物的哪些特点来写的？是否写具体？

（3）集体交流。

（4）结合小组讨论，修改作文。

(5）在生活中，我们除了要关注身边景物的动静变化，更要关注我们沸腾的生活。出示海报图片。

① 比较两张同一内容海报的异同。

② 了解宣传语的特点。(直白型、设置悬念型)

③ 图画设计（要与内容相关）。

④ 小组合作进行宣传语和图画设计，组间交流。

⑤ 完善设计，评选最佳海报。

第二部分　读整本书教学设计——《巴金作品精选》

教学目标

1. 通过"阅读链接"导入阅读，激发学生的阅读兴趣。

2. 通过比较阅读，感受作者笔下景物的动静之美。

3. 对阅读篇目进行分类阅读，初步发现作品的写作特点，尝试写出自己生活中发现的动静之美。

教学过程

1. 导读课（1课时或自主阅读）。

（1）自由读《鸟的天堂》课后"阅读链接"，进入整书本阅读。

（2）根据目录，初步对所写内容进行分类。

（3）对自己感兴趣的内容进行深入阅读，并进行阅读记录。

题目	景物	喜欢的语句或段落	写作特点

2.交流分享课（1课时）

（1）小组依据表格，交流阅读收获。

（2）选择典型范例，进行点拨交流。

① 小组汇报表格填写内容。

题目	景物	喜欢的语句或段落	写作特点
繁星	星星	略	地点变化（动静结合）
海上日出	天空、太阳	略	随时间变化而变化（动静结合）

② 阅读相同内容的同学进行补充交流。

③ 总结：作者在写景物的过程中，可以通过地点的变化（如：《繁星》《月迹》）和时间的推移写出景物的变化。在描写过程中可以将动态描写与静态描写相结合，让自己所写的景物活起来。

④ 读一读自己喜欢的语句，进一步感受景物之美。

第三部分　语文实践活动设计（1课时）

教学目标

1. 观察生活，用多种方式记录美景。

2. 自主查阅资料，扩充自己对观察事物的了解。

3. 交流记录所得，进行成果发布。

教学过程

1. 出示名言，说说自己的理解

如：生活中不是缺少美，而是缺少发现美的眼睛。——罗丹

2. 介绍自己的观察成果。（图片、文字介绍或视频资料）

3. 小组内在交流的同时，提出修改建议。

4. 在班级群或朋友圈进行成果发布。

单元教学设计评析

这一单元的设计特点在于对本单元的人文主题和语文要素进行了解读，有了

整体把握之后再从课内的教科书教学、整本书阅读和语文实践活动进行设计，使其单元的整体性更加凸显。借助文本学习、运用方法，再到进行实践活动，完成知识的建构运用过程，促进了人文主题和语文要素的落实，发展了学生语言能力的同时，促进了整体素养的提升。

案例五：读中启智　读中增慧

——统编版五年级上册第8单元整体教学设计

一、单元解读

（一）人文主题理解

本单元以"读书明智"为主题，我们将通过不同的课文体会从古至今，人们对待读书的态度。《古人谈读书》由三则文言文组成，记录了古人有关读书、学习的言论。第一则选自《论语》，是孔子关于学习态度和学习方法的三句话。第二则选自朱熹《童蒙须知》，告诉我们读书要心想、眼看、口诵。"心到"是"三到"中最重要的，用心思考了，自然就会看得仔细，也会读得正确并记忆犹新。第三则选自《曾国藩家书·致诸弟》，告诉我们：读书首先要立下志向，这样才能不甘落后；其次要有见识、有见地，知道学海无涯，才不会容易满足；最后还要有恒心，只要持之以恒，就没有完不成的事。这三方面缺一不可，都做到了才会学有所成。除了古人对读书给我们提供的锦囊妙计外，现代作家冰心按时间顺序，回忆自己童年时期的读书经历、多年的读书经验、选书的标准以及读书的方法，表达自己对于读书的感悟。《我的"长生果"》一文中，作者把书比作"长生果"，可见书的重要性，以及作者对书的无比喜爱。

（二）语文要素解读

这一单元，语文要素是"根据要求梳理信息，把握内容要点"。首先"把握内容要点"和"概括主要内容"有什么不同呢？"把握内容要点"是用简洁的语言根据要求分条列出文章中提到的关键信息，可能只是围绕文章的一部分来概括。比如《忆读书》中，我们通过阅读可以列出作者读书的方法有：（1）一知半解地读。（2）反复读。（3）隔段时间再读。（4）比较读、挑选读。这就是根据需要概括读书方法这一要点。"概括主要内容"指用简洁的语言概括文章是围绕什么写的。还拿《忆读书》来说，这篇课文的主要内容是作者回忆自己童年时期的读书经历、多年的读书经验、选书的标准以及读书的方法，表达"读书是我生命中最大的快乐""读书好、多读书、读好书"的感悟。是对全文主要内容全面的概括。

本单元的课文，围绕"读书"这一主题，为我们提供了很多信息，如读书经历、读书态度、读书方法以及对某些书的评价，要求我们梳理相关信息，把握内容要点。如,《忆读书》要求我们梳理作者读书的经历、选好书的标准;《我的"长生果"》要求我们梳理作者读书的类型和从读书、作文中悟出的道理。我们在阅读过程中，只有学会把握内容要点，才能实现高效阅读，为有条理地表述、突出重点打下基础。

二、单元目标

（一）核心目标

1. 通过把握主要内容，体会作者悟出的道理。

2. 学习在阅读时梳理信息，把握读好书的要点。能联系自己的读书经历，说出课文内容带来的启发。

（二）常规目标

1. 整合本单元字词，学会重点字词的音、形、义，初步感知文章内容，初识人物形象。

2. 能联系自己的读书体会，说出课文内容带来的启发。

3. 能梳理出作者的读书经历，说出作者对"好书"的看法，体会作者从读书、作文中悟出的道理。

4. 能分条讲述，把介绍人物形象的理由说清楚。听人说话能抓住要点。

5. 介绍一本书，能分段表述推荐理由。能把重要的理由写具体。

6. 能梳理总结如何找书读的方法。借助比喻句表达自己对书的看法。

三、总体构想

本单元的教科书教学、读整本书以及语文实践活动都紧紧围绕读书展开。因此，在教学时通过重组内容达到课内外学习的统一。根据本单元内容的特点，将"口语交际"和"习作"《推荐一本书》作为语文实践活动的内容，在活动中激发学生的表达愿望与兴趣，让学生爱读书，会读书，与好书交朋友。

第一部分　教科书教学设计

（一）模块一　整体感知关联发现（1课时）

教学目标

1. 整体朗读三篇课文，了解课文内容以及作家。

2. 初步形成对课文及单元的整体感知。

教学过程

1. 出示"日积月累"中的诗，初步感知内容。

（1）请你读一读这两首诗，猜一猜本单元学的内容与什么有关？

（2）引发思考：这两首诗给你怎样的启发？

2. 整理与分类（找出相同或相似单元主题点）。

（1）围绕单元主题，看看本单元中共有几篇课文？

（2）结合导学单，想想人们为什么要读书？有什么好处呢？请你试着填一填。

导学单

课文题目	主题	好处
《古人谈读书》		
《忆读书》		
《我的"长生果"》		

（3）小组交流，填写内容。根据交流修正表格填写内容。

（4）展示。

3. 了解作者，拓展延伸。

（1）看看本单元这几篇课文的作者，你有哪些了解？

（2）结合导学单，想想作者为什么要读书？你还知道作者哪些读书的故事？

（二）模块二 整体读文 归类识字（2课时）

⊙ 课时1

教学目标

通读3篇课文，整合本单元字词，结合一单元的句段练习、在语句中学会重点字词的音、形、义。

教学过程

1. 阅读本单元课文，把文章读正确、读通顺、读熟练。

2. 读读写写，识记生字。

（1）结合课前预习，学生自己挑选出认为容易写错的字进行指认。（同桌互查）。

书空识记生字互查，分享技巧。（同桌互查）。

小组内按字形结构分类识记。（笔头归纳分类）。

小组内按字义分类识记。

多音字：传、煞、卷

（2）重点理解词语。

诲：教诲。　　谓：说。　　烦琐：繁杂琐碎。

3. 朗读课文，巩固字词。

⊙ **课时2**

教学目标

1. 通过练习，巩固本单元字词。

2. 欣赏书法作品，指导书写。

3. 在运用比喻修辞方法的过程中，进一步体会读书的好处。

教学过程

1. 导学卷填写练习。

（1）给易读错字注音。

斩断（　） 烦琐（　） 诲人不倦（　）

（2）形近字组词。

津（　） 刊（　） 衰（　） 耻（　）

律（　） 刑（　） 哀（　） 职（　）

（3）读一读，说一说还可以把书比喻成什么。

① 书，被人们称为人类文明的"长生果"。

② 莎士比亚说："书籍是全世界的营养品。"

③ 一本你喜欢的书就是一位朋友，也是一处你随时想去就去的故地。

这是语文词句段运用的第一题，这道题主要体现的是读书的作用，所以尽管学生没有深入学习三篇课文，也是可以完成的。

将下面的句子排成一段意思连贯的话，把序号填在括号里

① 阅读是什么？是吸收。

② 好像每天吃饭吸收营养一样，阅读就是吸收精神上的营养。

③ 阅读和写作，吸收和表达，一个是进，从外到内；一个是出，从内到外。

④ 把脑子里的东西拿出来，让人家知道，或者用嘴说，或者用笔写。

⑤ 写作是什么？是表达。

这是词句段运用中的第二题。通过将这些句子进行排序，进一步明确阅读与表达的关系。

2. 书写提示。

（1）阅读对欧阳询的介绍，了解其书法特点。

（2）对照书法作品，体会其特点。在了解欧阳询的基础上欣赏他的书法，激发对书法的热爱之情，在训练中提高书写能力。

（3）临摹。

3. 作业：练习本单元生字词书写。

（三）模块三　主题阅读读中学法（3课时）

⊙ 课时1 《古人谈读书》阅读

教学目标

1. 能借助注释，用自己的话说说课文的大意。

2. 学习孔子、朱熹的学习态度和方法，并联系自己的读书体会，说说学习课文带给自己的启发。

教学过程

1. 名言导入，激发兴趣。

2. 理解意思，读中感悟。

3. 梳理观点，指导背诵。

内容	读书知识
《论语》	好学　虚心　默而识之
朱熹	"三到"：心到　眼到　口到
曾国藩	"三有"：有志　有识　有恒

⊙ 课时2 《忆读书》阅读+交流平台

教学目标

1. 通过阅读课文，梳理作者的读书经历、读书方法和读书体会。

2. 结合"交流平台"，了解读书的类别。

3. 结合个人经历，谈一谈自己的读书乐趣。

教学过程

1. 激发兴趣，导入新课。

2. 通读课文，把握内容。

默读课文，理清顺序，具体要求为：

（1）用较快的速度默读课文，思考作者是按照什么顺序来介绍自己的读书经历的，边读边圈画出重点词句。

（2）文中哪句话概括了作者多年读书的切身体会？

指导交流：

（1）时间顺序。明确表示时间的词语：七岁时，十二、三岁时，中年以后，1980年后。

（2）概括作者多年读书切身体会的句子是："读书好，多读书，读好书"。作者用三个简短分句，各自强调的重点分别是什么？让学生说说自己的理解。（作者联系自己读书的切身经历，最终要得出的就是这个结论。因此"读书好，多读书，读好书"就是这篇文章的要点。）

（3）结合前面的学习，用自己的话说一说课文讲了一件什么事？

3. 深入阅读，梳理信息。

（1）体会"读书好"。

① 出示自学要求。

用较快的速度默读课文，圈画重点信息完成表格。自学后小组内进行研读讨论。

② 交流点拨。

例如：作者七岁时读书的经历，我是这样进行引导的。

A. 了解作者读书方式的变化与阅读感受。

七岁时，开始是听舅父讲故事，与书有了接触，这些故事让作者听得津津有味；自己读书始于《三国演义》，对不认识的字猜着读下去，居然越读越明白。

B. 理解作者为什么两次把书丢下，过一段时间又接着往下读。

C. 小结：学习这部分内容时，我们通过圈画、提炼信息要点，就能清楚地知道因故事内容生动，作者猜着读、反复读《三国演义》，读得津津有味，越看越明白，甚至引起了对章回体小说的兴趣。这就是读书的好处。

③ 整体观察，建立联系。

A. 根据表格用自己的话叙述作者的读书经历。

B. 竖向观察表格，说说自己的发现

a. 阅读的时间很长：七岁到1980年，80年的阅读时间。

b. 阅读书目多而丰富。

补充原文片段，了解冰心阅读的其他书目。

鲁迅先生也曾告诉我们："读书就像蜂采蜜一样，倘若叮在一处，所得就有限。必须如蜜蜂一样，采过许多花，才能酿出蜜来。"

c. 阅读方法多样。猜着读、反复读、对比读、归类读、挑着读等读书方法。

d. 阅读感受独特。冰心奶奶在回忆读书经历的时候说了这样一段话，齐读第8自然段：

总而言之，统而言之，我这一辈子读到的中外文艺作品不能算太少。我永远感到读书是我生命中最大的快乐！从读书中我还得到了做人处世要独立思考的大道理，这都是从修身课本中得不到的。

C. 用简单的词语概括冰心奶奶的阅读感受。

D. 结合前文说一说，冰心读书的最大快乐在哪里？

④ 结合自己的阅读经历说说感受。

⑤ 小结：从作者的经历可以看出读书给人以快乐，让人明白一些道理，读书是非常有好处的。难怪人们总说"开卷有益"。

（2）体会"读好书"。

① 冰心认为什么样的书才是好书？用自己的话说一说。

②（出示第9自然段）作者把哪些书进行了比较？

《西游记》——内容精彩　《封神榜》——内容烦琐

《水浒传》——栩栩如生　《荡寇志》——索然无味

③ 在作者心里更能打动人心的是什么呢？结合冰心阅读《三国演义》两次哭的经历发现"语言文字质朴，富有真情实感"的篇章更能打动人心。（板书：语言、情感）

④ 这是冰心眼中的好书，那你认为还有哪些是好书？

⑤ 小朋友们是怎样选择书的呢？结合"交流平台"进行交流。

学生交流，教师相机引导：能激发阅读兴趣的，能让人开阔视野的，能明白道理的，有助于写作的……都是好书。

⑥ 小结：好书的标准不是唯一的。读好书就好像给我们打开了一扇窗，让我们看到更加丰富多彩的世界，认识更多的人。

4. 总结方法，拓展延伸阅读。

（1）作者按照时间顺序来写自己的读书经历，我们在读课文时按照要点利用表格梳理了文章内容。介绍梳理信息的其他方式。

（2）总结：很多作家的成功经验都与读书相关，冰心如此，鲁迅如此，梁晓声也如此。让我们学习今天学到的读书方法，"多读书、读好书"，去感受读书乐趣！

⊙ 课时3 《我的"长生果"》阅读

教学目标

1. 品析文章的语言，了解文章的写作手法。

2. 通过交流，提高学生的评价鉴赏能力。

教学过程

1. 谈话导入，明确题意。

（1）说说你对题目的理解。

（2）作者为什么将书籍比作长生果呢？

2. 勾连前文，梳理信息。

（1）回顾《忆读书》梳理信息的方法。出示表格。

（2）小结：阅读一篇文章，可以按照叙述线索进行信息的梳理，比如，按时间顺序，从人物、事件等方面展开，以表格或关系图等形式进行呈现，以便更好地掌握文章内容。

（3）自主阅读学习提示，按要求进行信息梳理，自主设计信息呈现方式。

3. 重点指导，突破难点。

（1）了解阅读对写作的促进作用。

自由读课文，思考：作者写了自己读书的经历，还写了自己两次作文的事例，读书和写作之间是什么关系呢？

（2）联系自己阅读的经历，谈谈读书和写作之间的关系。

4. 发现精彩，积累语言。

（1）交流，课文中哪些语句给你留下了深刻的印象？

（2）小组讨论，指名交流。

（3）结合学生交流，相机出示例句：

像蜂蝶飞过花丛，像泉水流经山谷，我每忆及少年时代，就禁不住涌起愉悦之情。

这段文字在表达上有什么特别之处？（比喻句，反复运用比喻的部分放到句子前面，使文章具有情的韵味，更表达出作者对少年时代读书生活的留恋。）

（4）交流其他精彩语句并进行摘抄积累。

第二部分　读整本书教学设计（自主阅读）

教学目标

1. 根据自己的阅读兴趣自主选择阅读书目。

2. 制订阅读计划，按照学到的梳理信息的方法梳理书的内容。

教学过程

1. 教师利用晨会时间提出阅读要求：挑选自己感兴趣的书，制订阅读计划以及召开班级交流会的时间。

2. 学生利用晨会以及其他时间进行自主阅读。

第三部分　语文实践活动设计（4课时）

⊙ **课时1　口语交际　我最喜欢的人物形象**

教学目标

1. 依据学习单，分条讲述自己喜爱的人物，把理由说清楚。

2. 听别人说话要能抓住要点。

教学过程

1. 创设情境，激发兴趣。

交流自己认识的影视作品中的人物，说出喜欢的理由。

2. 明确目的，学会交际。

（1）观察表格，除了介绍人物外，还介绍了什么？（人物的出处，分条列举了自己喜欢的理由）

人物	出处	喜欢的理由
哪吒	动画片《哪吒闹海》	1. 年纪小但武功高强，能变出三头六臂…… 2. 见义勇为，敢于担当。有一次，他救了被龙王欺负的老百姓……
……	……	……

（2）讨论并总结交流要求：说话条理要清楚，声音要洪亮，要介绍出处和喜欢的理由。

3. 合作探究，尝试交际。

（1）仿照例子，把你喜欢的人物形象的相关信息填写在表格里，厘清思路。

（2）小组内把自己喜欢的人物形象分条讲述介绍给大家，把理由说清楚。

（3）每个小组推选出一位同学，向全班展示。

4. 交流展示，及时指导。

要求	评价
内容生动具体	☆☆☆
声音清楚洪亮	☆☆☆
仪态自然大方	☆☆☆
语气抑扬顿挫	☆☆☆

5. 拓展延伸，彰显个性。

（1）游戏：你来表演我来猜。

要求：

① 想一想：依据介绍的内容，想一想怎样才能把人物活灵活现地表现出来呢？

② 演一演：一人讲台前表演，演之前不要透露人物名称。

③ 猜一猜：大家猜猜表演者塑造的是哪个人物。说一说判断的理由。

（2）合作游戏。

⊙ **课时2　习作——推荐一本书**

教学目标

1. 讨论交流，明确本单元习作主题，明确习作要求。

2. 依据组内交流，完成习作。

教学过程

1. 谈话导入，激发兴趣。

2. 明确要求，掌握写法。

（1）读习作要求，把握习作重点。

（2）在讨论中明确可以推荐书的内容、推荐书中吸引人的情节或者推荐个性鲜明的人物等。

（3）思考文章的写法：写出书名、作者及推荐原因。

（4）交流推荐理由，可以从内容、语言、情节、人物个性、思想启迪、实用价值等不同角度确定。

3. 小组活动，交流选材。

（1）将自己喜欢的书推荐给大家，要介绍清楚书名、内容。要说清楚你的推荐理由。

（2）小组内互相推荐时，对听的同学有两点要求：

① 给他提问题或者意见。

② 评价他的介绍。注意是否说清楚了推荐的原因。

（3）学生独立完成习作。

⊙ 课时3　交流评改课

教学目标

1. 回顾习作要求，明确评价习作的标准。

2. 通过自评、小组交流评改习作。

教学过程

1. 回顾本次习作要求。

2. 根据习作要求自评自改。

3. 交流收获，习作评改。

（1）小组内读文分享。

（2）学生互评。

（3）再次修改习作。

⊙ 课时4　好书推荐会

教学目标

1. 以习作为蓝本向同学推荐自己喜欢的一本书。

2. 评选最佳推荐人。

教学过程

1. 班级内开展"好书漂流"活动。（30分钟）

2. 评选最佳推荐人。

要求：

（1）推荐理由充分。

（2）语言具有感染力。

（3）推荐成功。

五年级上册第6、7、8单元教学设计总体评析

三个单元设计案例具有共同特征，即：立足于教科书教学，拓展课外阅读，实现课内外的有机联系，同时将语文学习与学科实践活动相结合，促进由学习到知识形成能力，再到形成素养的过程。具体表现为：

1. 任务驱动，整体创设单元情景。

无论是完成字词学习的学习单，还是完成实践任务，教师始终以促进学生的学习为核心设计教学活动，充分发挥了学生的主体作用。同时，借助单元学习的大情境，可以将相关内容，比如字词等通过联系、比较、表格化等策略，促进学生提高学习效率。

2. 板块化设计，整体推动学习的进程。

各个教学板块，在教学目标的统领下，语文要素的落实作为一条线索，实现联动。学习方法、运用方法、课外阅读、链接生活的实践活动，通过系列的板块化设计，学生由知识的学习，转变为语文能力，再到解决生活中的实际问题，实现由知识到素养的转化过程。

3. 以教学目标为依据，学生发展为评价导向，本着教、学、评一体的原则，围绕教学目标，细化学习效果评价的指标。以评促学，以评导学。采取自我评价、同伴评价、教师评价等多种方式，贯穿整个单元的学习活动，教师随时能够关注学情，有效调控，掌握分析学生在本单元的学习结果，以便更好地促进学生的学习。

第四节 综合性学习单元

《义务教育语文课程标准（2011年版）》提出：综合性学习与识字、写字、阅读、写作和口语交际一起构成了语文教学五个方面的内容，但综合性学习是一个特殊的学习领域，它与其他四个方面的教学内容不在同一层面上，不具备比较单一的内容目标。它充分体现了语文学习的综合性和实践性等学科特点。

统编教材从三年级下册开始设置了综合性学习单元，旨在通过开展综合性学习，激发学生学习的积极性、自主性，引导学生在较长一段时间的学习活动过程中合理规划活动过程，积极参与小组合作学习。培养学生搜集和处理信息的能力、获取新知识的能力、分析和解决问题的能力以及交流与合作的能力，从而提升语文核心素养。具体安排如下：

年级	主题	编排形式	学习任务
三下	中华传统节日	小综合	收集传统节日的资料，交流节日的风俗习惯，写写过节的过程
四下	轻叩诗歌	小综合	根据需要收集资料，初步学习整理资料的方法。合作编小诗集，举办诗歌朗诵会
五下	遨游汉字王国	独立单元	学习搜集资料的基本方法。学写简单的研究性报告
六下	难忘小学生活	独立单元	学习整理资料的方法。策划简单的校园活动，学写策划书

从以上的安排，可以看出教师要关注单元的目标定位，关注学习和生活实践的紧密结合，引导学生关注自然、关注社会、关注世界，理论联系实际，学以致用。整体设计单元教学方案，允许学生的个体差异，实施有效的起点教学。

《语文课程标准》对"综合性活动"给出了明确的实施建议。

1. 综合性学习应贴近现实生活。联系生活中的实际问题开展学习活动。

2. 综合性学习应突出学生的自主性，重视学生主动积极的参与精神，主要由学生自行设计和组织活动，特别注重探索和研究的过程，要加强教师在各环节中的指导作用。

3. 综合性学习应强调合作精神，注意培养学生策划、组织、协调和实施的能力。

4. 综合性学习的设计应开放、多元，提倡与其他课程相结合，开展跨领域学习。

5. 积极构建网络环境下的学习平台，拓展学生学习和创造的空间，支持和丰富语文综合性学习。

在教学中要关注以下几点，以正确把握其特征：

1. 语文学习与综合性学习结合，激发学生学习的积极性。

比如："中华传统文化"的单元主题选编了一组课文，通过朗朗上口的《古诗三首》了解传统节日的礼俗、景象及与之相关的情感，激发学生的学习兴趣。《纸的发明》介绍了中国古代重要的科技成就；《赵州桥》介绍了中国古代重要的建筑成就；《一幅名扬中外的画》介绍了中国古代重要的艺术成就。教材力求通过本组课文，让学生初步了解中国古代灿烂的文化，产生文化自豪感。

2. 将语文要素运用到综合性学习中，提高学生的写作能力。

综合性学习是建立在语文学习的基础上的。综合性学习活动开展中，要让语文味在"语言文字"中传播，让语文味在"传统文化"中绽放，让语文味在"汉字情怀"中流转。综合性学习过程中不能仅仅满足于材料的获取，更要从"落实语文要素"的角度审视、运用材料，在活动中引导学生体会汉字之趣，激发学生爱上汉字，进而为中华传统文化而自豪的情感。

3. 整体设计单元实践情境，在完成任务中实现对文本资料的学习。

综合性学习是以任务为驱动，激发学生的积极性，教师只是引导者，所有过程均由学生去完成。有了成品之后，教师还要搭建平台，让学生展示分享与评价。

4. 通过整合资源，展示活动成果。

展示前，小组内要安排好成员分工，避免展示成为个别学生的舞台。明确评价展示活动成果的标准，依据标准进行有针对性的评价。评价标准体现在组员之间、师生之间、小组之间要充分进行互动。教师要根据小组展示互评表进行及时总结和点评，让下一组展示的同学不断学习、不断改进，从而提升语文素养。最后进行本次活动的总结，学生交流自己在本次综合性学习中的收获。教师表彰活动表现最优秀的组，指出学习活动中存在的问题。

五年级下册第三单元是"遨游汉字王国"。这个单元语文要素的安排，有以下内容：1. 感受汉字的趣味，了解汉字文化。汉字是奇妙的，不同的汉字有着不同的来历，代表着不同的意思。"汉字真有趣"会让我们领略到汉字的有趣，感受祖国文化的深奥。"我爱你，汉字"板块，有猜字谜，有体现汉字特点的古诗、歇后语、对联、故事，有汉字字体的演变、甲骨文的发现、书法欣赏等，内容丰富，形式多样，学生能够在认真阅读课本提供的材料中受到启发。2. 学习收集资料的基本方法。这个要素体现在"汉字真有趣"的活动建议中，方法指示非常明确。3. 学写简单的研究报告。为了完成这个要求，学生可以看到课本中给出了《关于"李"姓的历史和现状的研究报告》，为学生完成本单元的实践成果提供了范例。不难看出，只要按照课本中的提示去做，这个单元的学习是非常有趣的。具体安排如下。

活动模块	具体活动
汉字真有趣	字谜大擂台
	趣味汉字交流会
我爱你，汉字	汉字历史知多少
	书法作品赏析
	"啄木鸟"在行动：规范用字
	学写研究性报告

从人文主题的角度来说，围绕着"横竖撇捺有乾坤，一笔一画成文章"这个

主题，学生会看到汉字有以下特点。

1. 汉字很美观。

汉字中的一撇一捺，一折一钩，横平竖直，方正而不刻板；有棱有角，生动又有内涵。

2. 汉字有文化。

考古研究可以证实的汉字历史，最少有3300多年，人们借助汉字记录当时的人物风貌、政治经济发展……因此有学者说，汉字就是一部文化史。

3. 汉字真有趣。

从课本中的阅读材料我们可以看到有关汉字的字谜、汉字谐音、形声字等，充分展示了汉字文化的丰富和趣味。

这真是"小小汉字不简单，认真研究有真意"。通州区宋庄镇中心小学韩瑶老师针对五年级下册第三单元整体教学设计"遨游汉字王国"作了如下设计。

案例六：遨游汉字王国

——五年级下册第三单元整体教学设计

一、单元目标

（一）感受汉字的有趣，了解汉字文化；学习搜集资料的基本方法；学写简单的研究型报告。

（二）学会制订活动计划。

（三）能够认真阅读教材提供的材料，从中受到启发，搜集到更多体现汉字有趣的资料。

（四）感受汉字的有趣，了解汉字文化，并对汉字的规范使用做一些力所能及的事。

（五）通过活动，能够很好地与他人进行合作学习，提高自主学习的能力。

（六）初步了解汉字的起源和演变。

（七）在书法作品的欣赏中，陶冶学生的情操，提升学生的审美能力。

（八）统筹安排落实计划的实施；学会撰写简单的调查报告。

（九）通过活动，激发学生对汉字的热爱之情。

二、各部分教学设计

第一部分　教科书教学设计

（一）模块一：汉字真有趣（2课时）

教学目标

1. 初步了解查找资料、运用资料的基本方法。

2. 了解活动计划的主要要素，学会制订活动计划。

3. 感受汉字的有趣。

4. 通过活动，能够很好地与他人进行合作学习，提高自主学习的能力。

教学过程

⊙ 课时1：制订计划

1. 课前调查学生对汉字的初步理解。

（1）谈话激趣：同学们，我们平常看书、读报、写信、作文，都离不开汉字。但是，你对汉字有哪些了解？

（2）小组交流，代表发言，教师评议，相机引导。

① 汉字产生于几千年前，是世界上最古老的汉字之一，经历了漫长的演变过程，沿用至今。

② 汉字是世界上使用人口最多的文字，曾对周边一些国家的文化产生过重要影响。

③ 汉字书法是一门独特的艺术。古往今来，我国涌现了许多著名的书法家，他们的书法作品是艺术中的珍品。

……

2. 整体阅读，感受汉字的有趣。

（1）布置阅读任务。

认真阅读课本44~46页的阅读材料，思考：这五则材料分别从哪个方面说明汉字是有趣的？为什么说汉字是有趣的？

（2）完成学习单。

	你提取到了哪些有趣的汉信息（类型）
1.字谜七则	你猜出了哪些字 ①　②　③　④　⑤　⑥　⑦
2.门内添"活"字	
3.有意思的谐音	
4."枇杷"和"琵琶"	
5.有趣的形声字	
6.活动建议（补充）	

① 除了上述五种有趣的汉字现象外，你还知道哪些有趣的汉字现象？

② 阅读后，就自己的想法在小组内进行交流。

（3）学生汇报。

（4）小组讨论并选择自己感兴趣的方面，继续搜集相关方面的资料。

3. 合作讨论，补充信息（学习如何搜集资料）。

交流：可以通过哪些途径搜集有关资料？

```
                    ┌──────────┐
                    │ 搜索资料 │
                    └──────────┘
```

查找图书	网络搜索	请教别人
1.在学校阅览室、图书馆或书店，可以按类别找书。如，搜集汉字故事，可以到语言类或文化类的书架上去找。 2.书名、目录、内容简介等，能帮助我们大致判断书中是否有自己需要的内容。	1.在网上查找资料，关键词很重要。如，搜集汉字故事，可以检索关键词"汉字故事"，不能仅仅检索"故事"。 2.检索后的条目很多，可以根据题目、显示的内容等，判断网络搜索哪些是需要的材料。	1.想想谁可能会有自己需要的资料。 2.想好问题，请教合适的人。

试着填一填。

查找图示	网络搜索	请教别人
按类别	关键词	谁有
书名、目录、内容简介	题目、显示的内容	合适的人

4. 制订计划。

小组活动计划	
组长	
组员	
时间	
地点	
活动内容	
活动过程	
展示方式	
分工	

提醒学生注意活动计划的主要要素：活动主题、时间、地点、内容与分工等。

⊙ 课时2：活动展示（这一部分为大课时，可以分成四个小课时进行）

活动一：字谜大擂台

1. 搜集资料的经验交流。

（1）小组小结：各小组长介绍小组搜集资料时遇到的最大的困难、最大的收获。

（2）师小结各组搜集资料的收获，对搜集资料时产生的困惑进行解答，指导正确的搜集方法。

（3）下一次活动搜集资料时注意调整搜集方法。

2. 猜谜比赛。

（1）"小组出谜猜猜猜"

小组派代表利用投影出示自己小组同学准备的谜语，其他小组同学抢答，展示小组的全体学生组成评委，老师是记分员。

（2）"抽签猜谜大比拼"

老师出示字谜签。

全班抢答，并说说自己猜字的理由，交流并积累猜字谜的方法。

3. 教师小结，集体评选"字谜小擂主"。

拓展交流：

（1）学生自愿举手发言，介绍自己在收集字谜的过程中发生的有趣的事。

（2）请自编字谜的同学介绍编字谜的过程和自己的体会。

活动二：趣味汉字交流会

活动形式：

1. 表演类：古诗朗诵、外国人学汉语小品表演等。

例如：古诗中的谐音现象。

《竹枝词》

（唐）刘禹锡

杨柳青青江水平，

闻郎岸上踏歌声。

东边日出西边雨,

道是无晴却有晴。（晴—情）

《无题》

（唐）李商隐

相见时难别亦难,

东风无力百花残。

春蚕到死丝方尽,

蜡炬成灰泪始干。（丝—思）

2. 比赛类：对歇后语、对对联等。

歇后语：

① 外甥打灯笼——照旧（舅）。

② 梁山泊军师——无（吴）用。

③ 孔夫子搬家——净是输（书）。

④ 四月的冰河——开动（冻）了。

⑤ 咸菜烧豆腐——有言（盐）在先。

⑥ 隔着门缝吹喇叭——名（鸣）声在外。

对联：

① 上联：两舟竞渡，橹速（鲁肃）不如帆快（樊哙）；

下联：百管争鸣，笛清（狄青）难比萧和（萧何）。

② 上联：立湖石于江心，岂非假岛（贾岛）；

下联：蒙虎皮于马背，谓是斑彪（班彪）。

3. 故事类：汉字演变的故事、汉字的趣事、对联故事、汉字笑话故事等。

关于汉字的小故事——《团字和圆字的汉字故事》

一天上午,"团"在逛街,突然见到了"员",他热情地上去打招呼："你好啊！圆！"

"圆"说："我不认识你啊？"

"团"说:"我们之前还在一起去给人家拜年,祝人家合家团圆,怎么天气一热,你把外套脱掉了,就不认识我了?"

4. 文字成果类:错别字手抄报、歇后语手抄报等。

活动评价总结:

(1)学生在小组内继续交流自己搜集的字谜、汉字谐音现象。

(2)在小组内交流自己搜集的谐音歇后语、谐音笑话。

(3)把搜集到的字谜、谐音歇后语、谐音笑话、谐音古诗、谐音对联、形声字等资料编成小报,贴在教室里。

可以参考以下评价量表。

"汉字真有趣"小组活动评价表

项目	评价标注	自我评价	同学评价	教师评价	家长评价
制订计划	小组分工明确,计划安排合理	☆☆☆	☆☆☆	☆☆☆	☆☆☆
搜集、整理资料	搜集资料的方法运用恰当,成果丰富,资料整理得比较完善	☆☆☆	☆☆☆	☆☆☆	☆☆☆
展示交流	展示形式新颖,展示内容丰富,互动效果良好	☆☆☆	☆☆☆	☆☆☆	☆☆☆

搜集、整理资料自评表

项目	评价标注	自我评价
搜集资料	能运用查找图书、网络搜索、请教别人等多种渠道搜集资料	☆☆☆
	能正确运用搜集资料的方法	☆☆☆
	搜集到的资料比较丰富,能够满足活动的需要	☆☆☆
整理资料	能把资料整理得比较完善、清楚	☆☆☆

小组展示互评表

项目	评价标注	同学评价
参与度	小组成员人人参与,相互合作	☆☆☆
自信心	展示时态度大方,充满自信	☆☆☆
形式	形式多样,有创意	☆☆☆
质量	内容丰富,展示清楚	☆☆☆

（二）模块二：我爱你，汉字（3课时）

教学目标

1. 初步了解汉字的起源和演变。

2. 感受汉字的有趣，了解汉字文化，并为汉字的规范使用做一些力所能及的事。

3. 在书法作品的欣赏中，陶冶学生的情操，提升学生的审美能力。

4. 学会撰写简单的调查报告。

5. 通过活动，激发学生对汉字的热爱之情。

教学过程

⊙ 课时1：活动计划

1. 阅读材料，完成学习单。

相关方面	材料内容	值得记录的信息	愿意继续探讨打"√"
汉字的历史	汉字字体的演变		
与汉字相关的故事	甲骨文的发现		
书法艺术	书法欣赏		
规范使用汉字	制定《国家通用语言文字法的必要性》		

2. 小组讨论，确定研究话题。

（1）了解汉字历史：搜集资料了解汉字的演变，绘成表格。搜集趣事：搜集笑话或趣事。

（2）调查社会用字：在街道、家庭、校园、同学的作业本等中寻找、拍摄，学会分析问题，学习撰写调查报告。

（3）搜集书法作品：从报纸杂志、字帖中寻找名家或优秀书法作品，寻找伙伴中优秀的书法作品。

3. 制定并完成活动表。

小组研究活动表

问题地提出			
分工	任务	负责人	途径

⊙ 课时2：活动展示（这一部分为大课时，可以分成四个小课时进行）

活动一：汉字历史知多少

1. 问题交流：中国最早的汉字是什么？（学生根据自己搜集的资料回答问题。）

2. 说一说：甲骨文是怎样发现的，听我来介绍。（甲骨文的发现）

3. 议一议：汉字的发展历史，你知道多少？各种字体大约是在什么时候产生的？

活动二：书法作品赏析

1. 欣赏教材作品。

阅读课本：欣赏课本上提供的优秀书法作品，说说自己为什么喜欢它们。（教师点出每种字体的特点，让学生初步了解）

2. 拓展书法文化。

你知道的书法家有哪些？了解他们有名的碑帖。（王羲之《兰亭序》、颜真卿《勤礼碑》、柳公权《玄秘塔碑》……）

3. 举办小型书法展览。

可以欣赏有书法特长的同学的作品，也可邀请同学或老师、家长现场挥毫。

活动三："啄木鸟"行动。

1. 组织活动：带学生走上街头，调查招牌、广告等用字情况；或让学生分析本班同学作文或作业中的错别字，展示找出错别字。

2. 指导记录：可以采用记录表的形式，可以拍摄下来，也可以采用其他方式记录。

3. 写"小小建议书"。

活动四：学写研究报告

1. 阅读《关于"李"姓的历史和现状的研究报告》。

2. 互相交流：怎样写研究报告。

研究报告是一种应用文，有约定俗成的格式。研究报告的一般格式是：

（1）标题。研究报告的标题常常直接采用研究课题的名称，这样显得精确、明了，使别人能对所研究的问题一目了然。标题下是署名。一般应写明研究人员所在的单位，如，××学校××班。

（2）前言。报告的第一部分，常常以前言的形式简要地说明下列内容：课题提出的缘由；研究这一课题的意义；该项研究所要解决的问题。也有人直接以"问题地提出"作为这部分的标题。

（3）研究方法。介绍研究是怎样进行的，主要包括：研究对象的选取、研究的方面、资料的搜集和处理等。

（4）资料的整理。可以根据资料的实际情况采用合适的方法，如表格等。

（5）结果。这一部分将研究结果作为客观事实呈现给读者。主要包括对资料加工分析和通过分析得出的结论。

3. 调查研究，撰写报告。

⊙ 课时3：活动评价

1. 互相交流：你在本次综合性学习中最大的收获或最大的感受是什么？说一说，写一写。

2. 小组完成活动评价表。

"我爱你，汉字"活动评价

（1）自评：能提一些好的主意（　　）。

与组员愉快地合作（　　）

努力完成自己的任务（　　）

（2）同学对你在这次活动中表现的评价（　　　）。

（3）老师对你综合性学习过程的评价（　　　）。

成长记录评价表

项目	评价标注	同学评价
小组活动	积极参与小组活动，和同学密切配合	☆☆☆
搜集、撰写	乐于使用学到的方法搜集资料，撰写研究报告	☆☆☆
展示交流	积极进行展示交流，与其他同学互动良好	☆☆☆
活动计划	要点齐全，时间、分工安排明确	☆☆☆
搜集的资料、调查的结果	资料丰富，与研究内容关系密切；调查记录清晰，内容翔实	☆☆☆
研究报告	格式正确，阐述清楚，分析得当，语言严谨	☆☆☆

3. 总结本单元综合性学习"遨游汉字王国"的成果。

运用自己写的文章，加上搜集的资料、图片，通过制作小报、班级举办展览，总结本单元学习的成果。

4. 拓展延伸。

这次综合性学习虽然结束了，但对汉字的探究并没有结束。有兴趣的同学还可以继续探究汉字的相关问题，可以参考教材中的提示，想一想自己最想探究哪些方面，利用课余时间继续学习。

第二部分：整本书部分

（一）模块一：阅读鉴赏（1课时）

教学目标

1. 通过导读，激发学生阅读《甲骨文简易字典》的兴趣。

2. 加强学生对汉字历史的了解，激发热爱汉字的情感。

教学过程

1. 谈话导入，了解学情。

师介绍《甲骨文简易字典》的使用方法。

2. 初读目录，了解本书。

（1）这本书把汉字分成六大类别，出示目录。看看目录中分类，小组讨论，选择一组感兴趣的。

（2）你打算怎么开始你的阅读？

向学生介绍跳读等阅读方式。

【设计意图：通过阅读目录，对这本书有初步的了解，做好开始阅读的准备。】

3. 分组阅读：分组自主阅读。

4. 介绍本书作者。

（二）模块二：梳理探究（1课时）

教学目标

1. 梳理书中汉字的特点。

2. 学生能了解我国汉字的起源和中华民族璀璨的历史文化。

教学过程

1. 回忆所读。

师：前段时间，我们一起读了一本书：《甲骨文简易字典》，你还记得这本书中让你印象深刻的汉字吗？

生：记得。

师，现在我来考考大家，我会给出一幅图片或者一段话，你能联想到书中的哪个汉字。

师出示图片或文字。

生联想相应汉字。

师：看来大家对这本书中的故事内容记忆犹新，今天这节课，我们就来好好聊一聊这本书。

2. 分组展示分享。

（1）动物篇。

（2）战争与刑罚篇。

（3）日常生活之食与衣。

（4）日常生活之住与行。

（5）器物制造篇。

（6）人生历程与信仰篇。

3. 探寻特点。

师：我们一起分享了这么多的汉字字源，结合着咱们课内读过的文章，你能发现汉字有什么共同点吗？

生1：象形文字。

生2：表意系统。

生3：……

4. 总结升华。

师：象形文字的特征，是透过图像的形状，让人理解图像所要表达的意义。我们通过课下继续阅读还可以进一步了解汉字的演变，同学之间也可以互相讲一讲。

单元教学设计总体评析

1. 以"阅读材料"为桥梁，为学生多角度展示汉字的历史、汉字文化的内涵。在自主阅读、交流的过程中，进一步增进学生对汉字历史文化的了解。

2. 以完成活动任务为总目标，推进阶段活动过程，可以激发学生参与活动的兴趣。引导学生关注汉字的广泛应用，为后续活动打开思路，更快地参与活动，更准确地把握本次活动的方法和步骤，更有效地完成本次实践活动。

3. 准确把握本单元的特点，充分发挥学生的主体地位，在组建小组和制订计划过程中让学生明确活动的过程和内容。给学生更多能够自主参与和实践的机会，提高了学生相互协调、合作的能力。同时通过评价，促进学生参与的热情与获得感。

4. 语文综合实践活动究其根源最终还是姓"语"，因此，可以看出本教学设计在促进学生语言建构与运用、思维发展与提高、审美鉴赏与创造与文化传承与理解上很突出，体现了语文学科的特点。

参考文献

[1] 中华人民共和国教育部制定. 义务教育语文课程标准（2011年版）[M]. 北京：北京师范大学出版社，2011.

[2] [法] 丹·斯珀波，[英] 迪埃珏·威尔逊关联. 交际与认知 [M]. 北京：中国社会科学出版社，2012.

[3] 蒙培元. 中国哲学主体思维 [M]. 北京：人民教育出版社，2005.

[4] 李怀源. 小学语文单元整体教学理论与实务 [M]. 北京：人民教育出版社，2017.

[5] 刘长林. 中国系统思维 [M]. 北京：社会科学文献出版社，2008.

[6] 张志公. 张志公语文教育论集 [M]. 北京：人民教育出版社，1994.

[7] 张志公. 传统语文教育初探 [M]. 上海：上海教育出版社，1962.

[8] 林治金. 中国小学语文教学史 [M]. 济南：山东教育出版社，1996.

[9] 饶杰腾. 语文学科教育学 [M]. 北京：首都师范大学出版社，2000.

[10] 祝新华. 促进学习的阅读评估 [M]. 北京：人民教育出版社，2015.

[11] 王策三. 教学论稿 [M]. 北京：人民教育出版社，2005.

[12] 韩雪屏. 中国当代阅读理论与读教学 [M]. 成都：四川教育出版社，2003.

[13] 韦志成. 现代阅读教学论 [M]. 南宁：广西教育出版社，2001.

[14] 李怀源. 小学语文单元整体教学构建艺术 [M]. 重庆：西南师范大学出版社，2009.

[15] 李怀源. 小学语文单元整体课程实施与评价 [M]. 南京：江苏教育出版社，2012.

[16] 祝新华. 六层次阅读能力系统及其在评估与教学领域中的运用 [J]. 小学语文，2018（4）.

[17] 张立娟. 为了让每位教师上好语文课——小学语文关联阅读教学这样教 [M]. 北京：首都师范大学出版社，2020.

后　记

　　研究关联阅读教学历时几年，2017年9月，统编教材的使用又给研究提出了新的挑战。教材新的编排体系，新的教学理念都将助推关联阅读视野下的单元整体教学研究继续深入开展。另外，新的《语文课程标准》还未发布，怎样在新课标的指导下，开展统编版教材的单元整体教学，会是新的研究课题。

　　参照《普通高中语文课程标准》（2017年版2020年修订），遵循其整体思想顺承的理念，笔者认为今后在基于真实情境下的单元整体教学研究会是一个新的研究课题。如何设置情景？如何保证活动有序进行？都将会是研究的切入点。另外，基于现在的教学改革发展，基于线上线下的单元整体教学研究也必须要提到日程上来，以将教学与学生的学习需要结合起来，适应他们以未来学习生活的需要。

　　未来的路还很长，我们还将继续走在研究的路上，一路研究耕耘，一路欣赏片片馨香！